Barbara Riess

111 Schätze der Kultur im Schwarzwald, die man gesehen haben muss

111

emons:

Bibliografische Information der Deutschen Nationalbibliothek
Die Deutsche Nationalbibliothek verzeichnet diese Publikation in der Deutschen Nationalbibliografie; detaillierte bibliografische Daten sind im Internet über http://dnb.d-nb.de abrufbar.

FSC® MIX Papier aus verantwortungsvollen Quellen
www.fsc.org FSC® C083411

Layout: Eva Kraskes, nach einem Konzept von Lübbeke | Naumann | Thoben
Kartografie: altancicek.design, www.altancicek.de
Kartenbasisinformationen aus Openstreetmap,
© OpenStreetMap-Mitwirkende, ODbL
Druck und Bindung: CPI – Clausen & Bosse, Leck
Printed in Germany 2019
ISBN 978-3-7408-0555-5
Originalausgabe

Vorwort

Der Schwarzwald punktet mit einer Vielfalt grandioser Landschaften und faszinierender Kulturschätze. Das größte zusammenhängende Mittelgebirge Deutschlands lockt Besucher aus aller Welt. Wie sich aus dem einst unwirtlichen Urwald, der noch den Römern großen Respekt einflößte, eines der beliebtesten Reiseziele entwickeln konnte, ist eine spannende Geschichte, an der viele mitgewirkt haben. Todesmutige Wandermönche, die den Wald rodeten, Siedlungen und Kirchen bauten und meist als Märtyrer endeten. Bitterarme Bauern, Waldarbeiter, Köhler und Glasbläser. Stolze Holzbarone und abenteuererprobte Flößer. Uhrmacher, Tüftler, Denker und begnadete Künstler. Sie alle prägen das, was wir heute Schwarzwald nennen. Und sie alle haben in der Landschaft, in der Kultur und in der Gesellschaft ihre Spuren hinterlassen.

Das Buch bietet einen unterhaltsamen Kulturtrip. Es präsentiert 111 überraschende, skurrile, prächtige, verborgene, ja sogar vierbeinige Kulturschätze. Die Reise führt zu sagenumwobenen Burgen und Schlössern, einsamen Klöstern, entlegenen Schwarzwaldhöfen, außergewöhnlichen Museen und spektakulären Bauwerken. Erzählt werden Geschichten, die sich hinter der offiziellen Geschichtsschreibung verbergen und diese erst lebendig machen. Es geht um tragische Lovestorys, um Intrigen und Machtpolitik, um Könige, Kurfürsten und Kurtisanen, um geniale Erfinder, alte und moderne Meister, um Gold und Silber, Reichtum und Armut. Und ganz nebenbei wird so manches Kuriosum enttarnt. Man erfährt zum Beispiel, wie es dazu kommen konnte, dass ein Strohhut mit 14 roten Wollbommeln zum weltweiten Symbol für den Schwarzwald wurde, wie großherzogliches Upcycling funktioniert und was langmähnige Blondinen zur Waldarbeit qualifiziert.

111 Schätze der Kultur

1 Das Kloster Alpirsbach

Schweigen, Beten und Biertrinken

Die Anfänge des Klosters Alpirsbach zeigen, dass der lange Arm der großen Politik bereits im 11. Jahrhundert bis in den abgeschiedensten Winkel des Kinzigtals reichte. Kaiser und Papst stritten damals um die Macht in Europa. Die Konsequenz war, dass die Klostergründung durch eine Schenkung von drei Adligen erst gültig war, nachdem die beiden Potentaten per Urkunde offiziell zugestimmt hatten.

Sowohl die Architektur als auch das klösterliche Leben war von der Hirsauer Reform beeinflusst, die auf eine strenge Einhaltung der Grundregeln des Benediktinerordens abzielte: Gehorsam, Keuschheit und Schweigen. Wichtig war zudem die persönliche Armut, was so manchem Kloster stattlichen Reichtum bescherte, wenn junge Adlige eintraten und Besitz mit einbrachten. Entsprechend dem Hirsauer Vorbild errichteten die Benediktiner in Alpirsbach eine mächtige romanische Säulenbasilika. 55 Meter lang ist das Mittelschiff und 20 Meter hoch. Die Reliefs über dem Hauptportal gehören zu den besonders schönen im süddeutschen Raum. Der Stil des nicht minder eindrucksvollen Kreuzgangs ist seit einer Sanierung zwischen 1480 und 1494 gotisch geprägt. Ein Glücksfall für Alpirsbach: Die Klosteranlage hat – anders als Hirsau – sämtliche Kriegswirren heil überstanden.

Nach der Reformation 1534 war Schluss mit den Benediktsregeln. Das Kloster wurde in eine evangelische Klosterschule umgewandelt, was sich auch im Speiseplan niederschlug. Plötzlich kam Fleisch auf den Tisch, und das »Viertele« Breisgauer Wein, das jedem Schüler pro Mahlzeit zustand, dürfte die Zungen zusehends gelockert haben. Der klösterliche Alkoholgenuss hatte eine gewisse Tradition. Schließlich waren die Mönche in Alpirsbach Meister der Braukunst. Bier hatte seinerzeit deutlich weniger Promille, war nahrhaft und galt als flüssige Fastenspeise. Bis zu fünf Liter durfte ein Mönch am Tag trinken.

Adresse Klosterplatz 1, 72275 Alpirsbach | **Anfahrt** A 5, Ausfahrt Lahr, B 415 bis Biberach, E 531 bis Haslach/Kinzigtal, B 294 bis Alpirsbach | **Öffnungszeiten** 15. März – 1. Nov. Mo – Sa 10 – 17.30 Uhr, So und Feiertag 11 – 17.30 Uhr, 2. Nov. – 14. März Do – So 13 – 15 Uhr | **Tipp** Im Klostermuseum sind Alltagsgegenstände des Klosterlebens aus sechs Jahrhunderten zu bestaunen. In der Klosterschänke kann man sich von der Alpirsbacher Braukunst überzeugen.

2 Der Narrenschopf

Wo die Schweinsblasen knallen

Sie glotzen mit bedrohlich aufgerissenen Mäulern aus warzigen Fratzen, sind in Fetzen und Felle gehüllt und verharren in wilden Posen. Die Vorstellung, dass die zähnefletschenden Gesellen plötzlich zum Leben erwachen, hat Gänsehautpotenzial. Gut 300 Figuren der schwäbisch-alemannischen Fasnacht steht man im Narrenschopf in Bad Dürrheim Auge in Auge gegenüber. Wer will, kann sich per Knopfdruck den närrischen Sound aus Schellen, Rasseln und Schweinsblasen dazuholen.

Das größte Fasnachtsmuseum im Südwesten Deutschlands vermittelt einen Eindruck von dem unbändigen, oft anarchischen und immer farbenfrohen Treiben während der tollen Tage zwischen Schwarzwald, Baar, Bodensee und Nordwestschweiz. Für ihren Ideenreichtum wurde die schwäbisch-alemannische Fasnacht 2014 in die nationale Liste des immateriellen Weltkulturerbes eingetragen.

Über 70 Zünfte präsentieren im Narrenschopf ihre Masken und Gewänder. Darunter die Löffinger Hexen, die Elzacher Schuttig, die Villinger Butzesel, die Pflumeschlucker aus Bonndorf, die Salzhansel aus Donaueschingen und wie sie alle heißen.

Was ein echter Schwarzwälder ist, der holt einmal im Jahr sein Gewand, Häs genannt, aus dem Schrank, entfernt die Mottenkugeln und schlüpft mit Wonne hinein. Die allertollsten Tage beginnen im Schwarzwald am Schmutzigen Dunschdig. Das ist der Donnerstag vor Aschermittwoch und damit gemäß dem christlichen Kalender der letzte Donnerstag vor der Fastenzeit. Er war einst nicht »schmutzig«, sondern ziemlich fettig, denn dieser Tag bot die letzte Gelegenheit vor Ostern, noch einmal ein Schlachtfest zu veranstalten und ordentlich zu feiern. Deftig geht es immer noch zu. Das Fettgebackene ist heute süß. Der Narrenschopf bietet auch reichlich Hintergrundinfos zu den Fasnachtsbräuchen, zur Entstehung der handgeschnitzten Masken und der Häser, die teils über Generationen getragen werden und kleine Kunstwerke sind.

Adresse Luisenstraße 41, 78073 Bad Dürrheim, www.narrenschopf.de | **Anfahrt** A 81, Ausfahrt Bad Dürrheimer Dreieck, auf der B 27 Richtung Bad Dürrheim, in die Salinenstraße, die Huberstraße und die Luisenstraße bis zum Narrenschopf fahren | **Öffnungszeiten** Di–Sa 14–17 Uhr, So und Feiertag 11–17 Uhr | **Tipp** Ganz in der Tradition der Salinenstadt Bad Dürrheim steht auch das Solemar. Die Sole-Therme mit ausgedehntem Wellnessbereich befindet sich neben dem Narrenschopf im Kurpark (Huberstraße 8).

3 Die alte Holzbrücke

Eine hochexplosive Völkerverständigung

Dumpf klingen die Schritte auf den von Abertausenden Schuhsohlen, Fahrrad- und Autoreifen dunkel glänzenden Holzbohlen. Wie ein langes Bollwerk spannt sich die historische Brücke über den träge dahinfließenden Rhein. Sie ermöglicht nicht nur einen wettergeschützten und idyllischen Spaziergang von Bad Säckingen zum Schweizer Städtchen Stein. Mit über 200 Metern ist sie auch die längste gedeckte Holzbrücke Europas. Natürlich steht sie unter Denkmalschutz und ist seit 1979 für Autos gesperrt.

Im Laufe der Jahrhunderte war die alte Rheinbrücke so vielen Attacken ausgesetzt, dass es an ein Wunder grenzt, dass es sie überhaupt noch gibt. Erstmals schriftlich erwähnt wurde sie 1272 in den Colmarer Annalen, einer wichtigen mittelalterlichen Geschichtsquelle. Ursprünglich stand sie auf Holzpfeilern. Unzählige Male wurde die Brücke durch Hochwasser zerstört, die den Rhein nach der Schneeschmelze in den Schweizer Alpen regelmäßig zum reißenden Strom anschwellen ließen. Bis man sich 1570 für einen Neubau auf steinernen Pfeilern entschied. Die Hochwassergefahr war damit leidlich gebannt. Dafür kamen die Kriege. Der Dreißigjährige Krieg und der Holländische Krieg. Erneut begann der Kreislauf von Zerstörung und Wiederaufbau. Ab 1806 markierte die Bad Säckinger Rheinbrücke die Grenze zwischen dem Großherzogtum Baden und der Schweiz und wurde später zur Staatsgrenze.

Selbst der Kalte Krieg ging nicht spurlos an dem historischen Bauwerk vorüber. So manch einer glaubte seinen Augen nicht zu trauen, als 2014 im Rahmen einer Sanierung mehrere hundert Tonnen hochexplosives TNT aus den Hohlräumen der Brückenpfeiler entfernt wurden – in den 1960er Jahren angebracht von der Schweizer Armee, um sich vor einer Invasion aus dem Osten zu schützen. Aber auch diese Ära hat die alte Dame überstanden. Unter ihrem langen Holzdach ist Europa heute ein Stück zusammengewachsen.

Adresse Rheinbrückstraße 48, 79713 Bad Säckingen | Anfahrt A 5 Richtung Basel, Ausfahrt Lörrach über Rheinfelden nach Bad Säckingen, Richtung Stadtmitte, Trompeterschloss, Parken beim Auplatz | Tipp Eine reizende kleine Oase im Schlosspark von Bad Säckingen bildet das um 1720 erbaute Teehäuschen, in dem heute ein Café untergebracht ist. Im Inneren sind Deckenfresken des Tessiner Barockmalers Francesco Giorgioli zu bewundern.

4 Das Kraftwerk Säckingen

Als der Rhein in den Schluchsee schwappte

Wer sich an einem heißen Sommertag auf seiner Luftmatratze über den Schluchsee treiben lässt, ahnt möglicherweise nicht, dass er in Rheinwasser schwimmt. Der ehemalige Gletschersee wurde in der ersten Hälfte des 20. Jahrhunderts zum Stausee umgebaut. Hierzu mussten eine mehr als 63 Meter hohe Staumauer errichtet und anschließend ein ganzes Dorf versenkt werden. Bauherr dieses gigantischen Projekts war die 1928 gegründete Schluchseewerk AG. Sie verwandelte den kleinen Bergsee in einen von Rheinwasser gespeisten Stausee und schuf gleichzeitig den größten Wasserkraft-Komplex Deutschlands. Um zu verstehen, wie der funktioniert, muss man hinunter an den Rhein fahren. Zum Beispiel nach Bad Säckingen.

Das Kraftwerk Säckingen war 1961 das erste in Deutschland, das in einer riesigen, in den Berg gesprengten Höhle, einer Kaverne, errichtet wurde. Per Bus gelangt man über einen eineinhalb Kilometer langen Stollen dorthin. Wer an einer Führung durch die 161 Meter lange und 33 Meter hohe Maschinenhalle teilnimmt und vor den riesigen Francis-Turbinen steht, wird beeindruckt sein von dieser tief im Berg liegenden Stromfabrik, die so weit entfernt ist vom Wasserrad am Bach, mit dem diese Technik ihren Anfang nahm.

Schon immer versuchten die Schwarzwälder sehr erfindungsreich, die vielen Wasserläufe für ihre Zwecke einzusetzen. Doch was am Schluchsee stattfand, kam einem Quantensprung gleich, der die Nutzung der Wasserkraft im Schwarzwald in die Neuzeit katapultierte. Mit Hilfe vorhandener Ressourcen wurde nun in großem Stil Strom erzeugt. Am Prinzip des Kraftwerks hat sich bis heute nicht viel geändert. Durch vier Meter dicke Druckstollen wird das Rheinwasser in den über 600 Meter höher gelegenen See gepumpt und saust dann mit hoher Geschwindigkeit unter Nutzung des natürlichen Gefälles auf die Turbinen. Rund 520 Millionen Kilowattstunden werden so pro Jahr produziert.

Adresse Stollenweg 2, 79713 Bad Säckingen | Anfahrt von Rheinfelden auf der B 34 nach Bad Säckingen, dann weiter auf der L 152 bis zum Stollenweg | Öffnungszeiten Führung im Kraftwerk Säckingen Di 14 Uhr, Treffpunkt Info-Zentrum | Tipp Auch in den Kraftwerken Wehr und Häusern des Schluchseewerks werden regelmäßig Führungen angeboten. Die Termine sind auf der Internetseite veröffentlicht. www.schluchseewerk.de

5 Der Trompeter

Der Blockbuster des Biedermeier

Wer sein Abitur im Fach Deutsch mit einer besonders guten Note abschließt, bekommt den Scheffelpreis. Zumindest in Baden-Württemberg und einigen anderen Bundesländern ist das so. Meist interessiert sich anschließend niemand mehr dafür, wer dieser Scheffel war. Wer es dennoch wissen möchte, dem sei ein Abstecher nach Bad Säckingen empfohlen.

Dorthin hatte es 1851 einen jungen Rechtspraktikanten namens Joseph Victor Scheffel verschlagen. Er blieb zwar nur ein Jahr, aber er stieß in der Zeit auf eine Geschichte, die den Grundstein für seine Schriftstellerkarriere legen sollte. Es ging um den 1633 geborenen, wohlhabenden Bürgersohn Franz Werner Kirchhofer und die ein Jahr ältere Adlige Maria Ursula von Schönau, die im Säckinger Stadtschloss aufwuchs. Die beiden hatten sich unsterblich ineinander verliebt und heirateten über alle Standesgrenzen hinweg. Während die Royals heutzutage für solche Allianzen gefeiert werden, brachte das dem jungen Glück in Säckingen lediglich die zeitweise Verbannung aus der Stadt ein.

»Was für ein Stoff!«, mag sich der angehende Rechtsassessor gedacht haben. Er griff zur Feder und brachte eine Lovestory zu Papier, welche die Damen in den Biedermeiersalons zu Tränen rührte. »Der Trompeter von Säckingen« wurde im 19. Jahrhundert europaweit zu einer Art Blockbuster und machte nicht nur seinen Autor, sondern auch Säckingen, das damals noch kein Bad war, berühmt. Säckingen wurde zur Trompeterstadt. Anzumerken ist, dass sich sowohl der Autor als auch sein Protagonist auch im wirklichen Leben einer gewissen Musikalität erfreuten. Scheffel stellte diese als Komponist zahlreicher studentischer Gesänge unter Beweis. Von Kirchhofer ist zumindest verbürgt, dass er als Musiker tätig war. Ob er tatsächlich Trompete spielte, sei dahingestellt. Sei's drum. Als Denkmal trompetet er noch heute vor dem Schlösschen seiner Angebeteten.

Adresse Schönaugasse 5, 79713 Bad Säckingen | Anfahrt A 5 Richtung Basel, Ausfahrt Lörrach, über Rheinfelden nach Bad Säckingen. Wegweiser Trompeterschloss folgen, parken beim Auplatz | Tipp Das Schloss Schönau beherbergt das Hochrheinmuseum mit einer sehenswerten Sammlung von Trompeten. Geöffnet April – Okt. Do, Fr, So 14 – 17 Uhr, Sa 9 – 13 Uhr; Nov. – März Do, So 14 – 17 Uhr.

6 Das König-Karls-Bad

Punktsieg gegen die Abrissbirne

Bad Wildbad und Stuttgart verbindet eine rund 700-jährige wunderbare Freundschaft. Was nicht ausschließt, dass die Beziehung auch Höhen und Tiefen meistern musste. Einen Prüfstein der besonderen Art bildete das König-Karls-Bad. Der im Stil des Historismus gehaltene Prachtbau steht an zentraler Stelle im Bäderquartier. Er erinnert an die besonders goldenen Jahre des Kurorts während der Gründerzeit und der vorletzten Jahrhundertwende. Zugleich ist er ein Symbol für das Ringen mit der Neuzeit, die mit der Abrissbirne in Bad Wildbad Einzug hielt. Fast hätte das König-Karls-Bad den Kürzeren gezogen.

Doch der Reihe nach. Etwa ab Mitte des 19. Jahrhunderts passierte das, wovon Kurorte heute träumen. Die Gästezahlen explodierten. So entschied man sich zum Bau eines neuen Badehauses. Es wurde nach demjenigen benannt, aus dessen Schatulle die Finanzierung stammte, König Karl I. von Württemberg. Dieser weilte zwar mit seinem Freund lieber in Nizza als im Schwarzwald, aber die fehlende landesherrliche Präsenz tat dem Projekt keinen Abbruch. In zwei Bauphasen entstand ein opulenter Badepalast mit stilistischen Anleihen bei Renaissance- und Barockbauten. Kuppelsaal, bunte Fenster, Fliesen und Fresken, Terrazzoböden – das volle Programm. Die Gäste wurden balneologisch und ästhetisch verwöhnt.

Im Zweiten Weltkrieg war Bad Wildbad Lazarettstadt, und ab Ende der 1950er Jahre brachen die Gästezahlen ein. Plötzlich stand der Prachtbau leer und war noch dazu sanierungsbedürftig. Außerdem war der »Neo-Stil«, der historische Stilrichtungen imitierte, nun komplett aus der Mode. Was lag also näher als ein Abriss des »alten Glump«? Die Pläne lagen griffbereit in der Schublade. Doch der Denkmalschutz siegte. Von 1987 an wurde das Bad saniert und zum Tagungs- und Konferenzzentrum hochgerüstet. Die trockengelegten Wasserbecken, die prächtige Halle, das Treppenhaus sollte man gesehen haben.

Adresse König-Karl-Straße 5, 75323 Bad Wildbad | Anfahrt A 8, Ausfahrt Pforzheim-West, B 294, L 351 bis Bad Wildbad, im Kreisverkehr die erste Ausfahrt in die König-Karl-Straße | Öffnungszeiten Mo–Fr 9–17 Uhr, Sa, So, Feiertage 10–12 Uhr | Tipp Das ehemalige Olgabad, nur wenige Meter vom König-Karls-Bad entfernt, wurde nach der Zarentochter Olga Nikolajewna Romanowa benannt, Gemahlin von König Karl und spätere Königin von Württemberg.

7 Das Königliche Kurtheater

Phönix aus der Asche

Der im lauschigen Enztal gelegene Kurort Bad Wildbad mit seinen Thermalquellen war einst Treffpunkt der besseren Gesellschaft. Hier suchten so illustre Gäste wie Gioachino Antonio Rossini Heilung von diversen Gebrechen und abends natürlich Zerstreuung vom Kuralltag. Eine willkommene Abwechslung bot das kleine, 1864 erbaute Theater, in dem nach Pariser Vorbild unterhaltsame Revuen mit Musik, Gesang und Tanz dargeboten wurden. Das Publikum war prominent besetzt. So vermeldet die Lokalzeitung 1878 den täglichen Theaterbesuch »Seiner Durchlaucht dem Prinzen von Wittgenstein« samt »Grafen und Baronen und einem Flor reizender Damen«.

Von 1888 an firmierte das Haus als Königliches Kurtheater, und einige Jahre später verzauberte ein luxuriöser Umbau den vormals bescheidenen Bau in ein Kleinod. Reichlich Stuck, Wand- und Deckenmalereien, filigrane Säulen und eine Galerie mit Königsloge ließen das Theater in neobarocker Pracht erstrahlen. Stars der Opern- und Operettenszene sorgten für den entsprechenden Glamour auf der Bühne. 1967 fiel der letzte Vorhang. Für Jahrzehnte übernahmen nun Pilz, Staub und Schimmel die Regie, und das Königliche Kurtheater vollzog die Wandlung vom Schmuckstück zum Schandfleck.

Der Besitzer, das Land Baden-Württemberg, war froh, als der »Förderverein Kurtheater Wildbad« 1999 das marode Gebäude für einen symbolischen Preis erwarb. Als Mutmacher für dieses Wagnis erwies sich der Starpianist Justus Frantz, der während eines Kuraufenthalts vom traurigen Zustand des Theaters so schockiert war, dass er mit einer Matinee einen Rettungsaufruf startete. Nach unermüdlicher Spenden- und Sponsorensuche konnte der Förderverein die Sanierung schließlich stemmen. Im Sommer 2014 eröffnete das Königliche Kurtheater mit Rossinis »Il viaggio a Reims« in neuem Glanz und erfreut sich seither wieder großer Beliebtheit.

Adresse Kernerstraße 44, 75323 Bad Wildbad | Anfahrt A 8, Ausfahrt Pforzheim-West, B 294, L 351 bis Bad Wildbad, im Kreisverkehr die erste Ausfahrt in die König-Karl-Straße, dann rechts Kernerstraße, parken im Parkhaus Kurzentrum (Kernerstraße 39) | Öffnungszeiten zu Vorführungen, Programm unter www.kurtheater.com | Tipp Zum Kurhaus in der Kuranlagen-Allee, einem weiteren Prachtbau aus der Jahrhundertwende, sind es vom Theater nur wenige Meter. Der mit Jugendstil- und maurischen Elementen verzierte große Saal bezaubert mit Kaffeehausflair.

8 Das Palais Thermal

Wo schon Fürsten baden gingen

Wo warme Quellen aus dem Boden sprudeln, da stehen die Chancen gut, dass auch die Einnahmen sprudeln. 32 Grad warmes Wasser aus einer Tiefe von 200 Metern lockt seit Jahrhunderten Heilsuchende nach Wildbad. Insbesondere die württembergischen Grafen, Herzöge und Könige schätzten den entlegenen und doch hauptstadtnahen Ort im Schwarzwald. So richtig in Fahrt kam die Karriere Wildbads als Badeort aber erst durch die königliche Kabinettsorder von 1824. Sie bildete den Startschuss zur Erneuerung des Kur- und Badewesens. In diesem Zug entstand auch das historische Graf-Eberhards-Bad, das nach umfassender Renovierung 1995 als Palais Thermal wiedereröffnet wurde und heute damit wirbt, »Deutschlands sinnlichste Therme« zu sein.

Maurische Säulen und Arkaden, Marmorintarsien, Stuckornamente, Deckengemälde und viel Jugendstil bilden die filmreife Kulisse für eine gepflegte Badekultur. Man taucht ein in das wohltemperierte Thermalwasser und das Kurambiente der 1920er Jahre mit Fürstenbädern, Herrenbad, Frauenbad, Sprudelbädern, Massagebecken und einer malerischen Halle.

Den planerischen Grundstein für den schicken Badetempel legte der ehemalige württembergische Hofbaumeister Nikolaus Friedrich von Thouret höchstpersönlich. Das 1847 eröffnete »Große Badegebäude« pendelte zwischen Klassizismus und byzantinischen und maurischen Elementen, die damals in Mode kamen. Überhaupt der Zeitgeist: Dieser änderte sich zuverlässig, und die Trends im Badewesen jagten ihm hinterher. Mal musste die steigende Nachfrage gut zahlender Gäste nach exklusiven Angeboten befriedigt werden, mal war eher der Massengeschmack zu bedienen. Entsprechend häufig wurde umgebaut. Stets waren renommierte Architekten am Werk, darunter Ludwig Eisenlohr, der Ende des 19. Jahrhunderts Hand anlegte. Trotz aller Kompromisse an den Zeitgeschmack gelang es, das historische Erlebnisbad zu bewahren.

Adresse Kernerstraße 5, 75323 Bad Wildbad | Anfahrt A 8, Ausfahrt Pforzheim-West, B 294, L 351 bis Bad Wildbad, im Kreisverkehr die erste Ausfahrt in die König-Karl-Straße, diese bis zur Abzweigung Kernerstraße fahren, Parkmöglichkeit im Parkhaus Palais Thermal direkt am Kurparkeingang/Quellenhof | Öffnungszeiten Mo – Fr 11 – 22 Uhr, Sa, So, Feiertage 10 – 22 Uhr | Tipp Ein Outdoor-Abenteuer bietet der Baumwipfelpfad von Bad Wildbad. Er ist bequem mit der Sommerbergbahn zu erreichen. Die Haltestelle befindet sich beim Uhlandplatz.

9 Die Autobahnkirche

Allegorien und Zahlenmystik in Beton und Glas

Dass Kulturschätze auf einem Autobahnparkplatz zu finden sind, ist ungewöhnlich. Umso mehr lohnt sich der Stopp am Rastplatz Baden-Baden, denn die moderne Autobahnkirche ist einen Besuch wert. Am äußersten Rand, dort, wo die Parkplätze enden und das freie Feld beginnt, taucht das eigenwillige Gebäude auf. Von Weitem hat es fast den Anschein, als sei ein pyramidenförmiges UFO gelandet. Tatsächlich landet jedoch der Besucher in einer faszinierenden Welt aus Symbolen, Allegorien und Zahlenmystik. Die St.-Christophorus-Kirche von Emil Wachter ist ein Gesamtkunstwerk, das die Meilensteine der christlichen Glaubenswelt darstellt.

Die 1978 eingeweihte Kirche bildet den Mittelpunkt eines Kreuzes von vier Ahornalleen. Den äußeren Abschluss markiert jeweils eine Säule, auf der alttestamentarische Bilder mit prägnanten Betonreliefs modern interpretiert werden. Dabei setzt Wachter biblische Figuren und Szenen immer wieder in Bezug zur Gegenwart seiner Zeit. Die Technik für die Betonkunst hat Wächter selbst entwickelt. Es werden dabei die Motive in Styropor geschnitzt und ausgegossen. So erhalten die Reliefs ihre typische, leicht poröse Oberfläche. Der Innenbereich der Kirchenpyramide greift thematisch das Neue Testament auf. Der Raum wird durch die bodentiefen Glasmosaike bestimmt, die Teil der tragenden Wände sind. Durch sie fällt das Tageslicht und nachts künstliches Licht und taucht die Kirche in eine meditative Atmosphäre.

Die Autobahnkirche zählt samt ihrer Außenanlage zu den Hauptwerken Wachters (1921–2012), der von 1958 bis 1963 an der Staatlichen Akademie der Bildenden Künste Karlsruhe lehrte und anschließend als freischaffender Künstler zahlreiche Sakralbauten schuf. Er trat vor allem als Bildhauer, Glasmaler und Keramiker hervor, weniger bekannt sind seine Aquarelle und Ölgemälde. Die Nähe zu Traumbildern bescherte ihm häufig den Vergleich mit Marc Chagall.

Adresse Am Rasthof 1, 76532 Baden-Baden | Anfahrt A5 auf den Rastplatz Baden-Baden abbiegen und den Schildern Richtung Autobahnkirche folgen | Öffnungszeiten Mo–So 8–20 Uhr | Tipp Mit Betonreliefs hat Emil Wachter in Freiburg den Schlossbergsteg gestaltet, der von der Konviktstraße auf den Schlossberg führt.

10 Das Casino im Kurhaus

Schöner zocken zwischen Gold und Plüsch

»Hoppla, das Kupfer ist ja Gold!« Diese erfreuliche Entdeckung machten Handwerker bei der Renovierung des Florentinersaals im Casino Baden-Baden, nachdem sie eine dicke Schicht Nikotin und Kerzenrauch von den schweren Lüstern entfernt hatten. Ein Beweis mehr, dass beim Interieur der Spielbank nicht gekleckert, sondern geklotzt worden war. Seidentapeten, Spiegel, Stuck, Schabracken, Statuen, schwere Teppiche und Plüsch satt. In den drei Sälen wurde alles aufgefahren, was Belle Époque, Klassizismus und Jugendstil zu bieten hatten.

Für Marlene Dietrich war es das schönste Casino der Welt. Andere sahen das weniger euphorisch. Eine gewisse Anna Snitkina zum Beispiel. Für die frisch vermählte Anna Dostojewskaja war Baden-Baden ein einziger Alptraum, denn der Ehemann verspielte 1867 beim Roulette ihren Ehering und ihr letztes Kleid. Völlig pleite reiste das Paar kurz darauf weiter in die Schweiz, wo Dostojewski seinen neuen großen Roman »Der Idiot« begann. Nicht ganz so feinsinnig reagierte 1988 ein Spieler, der ebenfalls ein stattliches Sümmchen verzockt hatte. Er stürmte das Casino mit seinem Geländewagen und revanchierte sich mit einem brachialen Sachschaden.

Das Casino, in dem seit über 150 Jahren die Kugel rollt, gehört zum Kurhaus. Das 1821 bis 1823 erbaute klassizistisch inspirierte Palais stammt von dem badischen Stararchitekten Friedrich Weinbrenner. Den Aufstieg in die europäische Casino-Noblesse erlebte Baden-Baden, als 1838 der französische König die Spielbanken in Paris schließen ließ. Ihr Pächter Jacques Bénazet suchte eine neue Wirkungsstätte und witterte in dem Städtchen an der Oos das Potenzial für Größeres. Er und später sein Sohn investierten in eine mondäne Infrastruktur mit Trinkhalle und Galopprennbahn und lockten Kulturschaffende an. So hielten Glanz und Glamour Einzug und machten Baden-Baden für einige Jahre zum Hotspot der Hautevolee.

Adresse Kurhaus und Casino, Kaiserallee 1, 76530 Baden-Baden | **Anfahrt** A 5, Ausfahrt Baden-Baden, dann Richtung Zentrum fahren, über die Europastraße, Lange Straße in die Kaiserallee, parken in der Congress/Parkgarage direkt vor dem Kurhaus und dem Casino | **Öffnungszeiten** Führungen unter www.casino-baden-baden.de | **Tipp** Eine drei Meter hohe Bronzestatue des russischen Dichters Dostojewski ist auf dem »Platz der Badischen Revolution« im Rotenbachtal, nahe der Caracalla Therme, zu bestaunen.

11 Das Friedrichsbad

Wellness statt Roulette

Die Besichtigung eines Kulturdenkmals funktioniert meist so: Man löst eine Eintrittskarte, spaziert hinein und staunt – oder auch nicht. Bei dem 1877 eröffneten Friedrichsbad in Baden-Baden läuft das komplett anders. Nach dem Erwerb der Eintrittskarte fallen hier erst einmal sämtliche Hüllen. Denn nur wer nackt ist, darf die heiligen Hallen des einstmals bedeutendsten deutschen Heilbades betreten. Was nun kommt, ist ein dreistündiges Gesamterlebnis. 17 Stationen römisch-irischen Baderituals mit warmem und heißem Wasser, viel Dampf und einer Bürstenmassage. Parallel dazu entfaltet sich von Etappe zu Etappe die ganze Schönheit der prunkvollen Innenausstattung. Handbemalte Kacheln mit exotischen Motiven, von Säulen umrankte Bassins, Reliefs, Figurennischen und als Höhepunkt die opulent ausgemalte kreisrunde Kuppel.

Schon von außen erinnert das inmitten der verwinkelten Altstadt gelegene Friedrichsbad eher an eine Kathedrale als an ein Badehaus. Dabei entstand es eigentlich aus der Not heraus. Um der »Demoralisierung der einzelnen Individuen« Einhalt zu gebieten, hatte der Norddeutsche Bund, dem ursprünglich auch das Land Baden beitreten sollte, 1868 per Gesetz die Schließung aller Spielbanken angeordnet. Für Baden-Baden, das von betuchten Kurgästen lebte, hätte das womöglich den Ruin bedeutet. Eine neue Attraktion für den mondänen Badeort musste her.

Der Architekt Karl Dernfeld und der großherzogliche Badearzt Carl Frech erhielten den Auftrag für ein exklusives Bad. Wohlfühlen und Entspannung statt Nervenkitzel beim Roulette. Erkenntnisse aus Studienreisen zu den antiken Thermen in Rom und in türkische Badetempel flossen in das Konzept des Friedrichbades mit ein, das von 1869 bis 1877 am Steilhang des Florentinerbergs im Stil der Neorenaissance erbaut wurde. Es war eines der schönsten Heilbäder seiner Zeit und förderte den Ruf Baden-Badens als Sommerhauptstadt Europas.

Adresse Römerplatz 1, 76530 Baden-Baden | Anfahrt A 5, Ausfahrt Baden-Baden, Zentrum und den blauen Thermen-Schildern folgen, am Festspielhaus links, nach dem Schlossbergtunnel rechts in die Rotenbachtalstraße, die Zufahrt zur Bädergarage mit 250 Stellplätzen befindet sich rechts | Öffnungszeiten Mo–So 9–22 Uhr, 24./25. Dez. geschlossen, 31. Dez. 9–20 Uhr | Tipp Unter dem Friedrichsbad kann man durch eine Glaswand die Ausgrabungen eines römischen Bads aus dem 1. Jahrhundert besichtigen.

12 Das Museum Frieder Burda

Wo Kunst in bestem Licht erscheint

Nach so viel Klassizismus allenthalben ist das Museum Frieder Burda inmitten der Parklandschaft der legendären Lichtentaler Allee fast eine Überraschung. Es gehört zu Deutschlands ersten Adressen für moderne und zeitgenössische Kunst. Der schnörkellose Bau des amerikanischen Architekten Richard Meier zeichnet sich durch seine klare Linienführung aus und korrespondiert dennoch verblüffend harmonisch mit der neoklassizistischen Kunsthalle gleich nebenan. Mit einer gläsernen Brücke, durch die der Besucher von dem einen in das andere Gebäude gelangt, unterstreicht der Architekt die partnerschaftliche Beziehung, in der die beiden Häuser zueinander stehen.

Dies soll jedoch nicht darüber hinwegtäuschen, dass das Museum Frieder Burda ein eigenständiges Museum ist. Der helle Bau besticht durch ein spektakuläres Raum- und Tageslichtkonzept, das es ermöglicht, Kunst bei natürlichem Licht zu betrachten. Eine Rampenanlage, die sich über alle Geschosse erstreckt, geleitet zu den Galerieräumen. Im Wechsel mit Sonderausstellungen zeigt das Museum Werke aus der umfangreichen Sammlung Frieder Burdas. Diese umfasst rund 1.000 Gemälde, Skulpturen, Objekte, Fotografien und Arbeiten auf Papier und zählt zu den renommiertesten privaten Kunstsammlungen Europas.

Frieder Burda ist der zweitälteste Sohn des Verlegers und Druckereibesitzers Franz Burda. Er wurde 1932 in Gengenbach geboren und war von 1973 an Gesellschafter der Burda GmbH in Offenburg. Neben seiner unternehmerischen Tätigkeit engagierte er sich im Laufe der Jahre leidenschaftlich für Kunst und baute eine Sammlung mit wegweisenden Werken des 20. Jahrhunderts auf. Um diese der Öffentlichkeit zugänglich zu machen, ließ er ein Museum bauen, das seinen Namen trägt und nach einer Planungs- und Bauzeit von drei Jahren 2004 eröffnete. Es wird von der 1998 gegründeten Stiftung Frieder Burda getragen.

Adresse Lichtentaler Allee 74, 76530 Baden-Baden | Anfahrt A 5, Ausfahrt Baden-Baden Richtung Zentrum, Parkgarage Kurhaus Casino | Öffnungszeiten Di–So, Feiertage (auch Mo) 10–18 Uhr, 24. und 31. Dez. geschlossen, öffentliche Führungen: Sa, So, Feiertage 11 und 15 Uhr | Tipp Die 1909 eröffnete staatliche Kunsthalle Baden-Baden wurde von dem Karlsruher Architekten Hermann Billing erbaut. Sie bildet ein freies Forum für Kunst mit vier Ausstellungen pro Jahr.

13 Die Trinkhalle

Flirten, flanieren und feudal Wasser trinken

Die Trinkkur war im 19. Jahrhundert in Heilbädern ein Muss. Man traf sich schon in den frühen Morgenstunden in der Trinkhalle und schlürfte, musikalisch begleitet von der Kurkapelle, sein erstes Heilwässerchen. Über den Tag verteilt sollten es bis zu vier Liter werden. Nicht jedem mundete diese Art von Frühschoppen. Unter den Skeptikern befand sich offenbar auch ein Brockhaus-Autor, denn in der Ausgabe des Konversationslexikons von 1837 heißt es lapidar, dass die Anziehungskraft von Baden-Baden wohl auf seinen »nach versalzener Fleischbrühe riechenden« Heilwässern beruhe. Über Geschmack lässt sich bekanntlich streiten. Mark Twain beispielsweise, den auf seinem »Bummel durch Europa« im Schwarzwald mehr die Misthaufen als die Berge beeindruckten, ließ auf das Wasser von Baden-Baden nichts kommen. Schließlich linderten die 56 bis 69 Grad heißen Quellen sein Rheuma.

In einen Kurort wie Baden-Baden, in dem sich einst in der Sommersaison die Reichen und Schönen aus ganz Europa tummelten, ging es natürlich nicht nur darum, sich täglich seine wie auch immer riechende Wassermenge einzuverleiben. Die malerisch im Kurpark gelegene Trinkhalle war ein mondäner Treffpunkt. Sie fungierte als Kommunikationszentrum für den neuesten Klatsch und Tratsch, als Paarbörse und womöglich auch als Ausnüchterungsstation nach durchzechter Nacht im benachbarten Casino. Die nach den Plänen von Heinrich Hübsch 1839 bis 1842 im Stil des Historismus erbaute, 90 Meter lange Wandelhalle bot das zeitgemäße Ambiente für elegantes Wassertrinken, Flirten und Flanieren. Mit 16 korinthischen Säulen öffnet sich das Gebäude zum Park hin und lässt es trotz seiner strengen Architektur luftig erscheinen. Die großformatigen Wandbilder von Jakob Götzenberger auf der gegenüberliegenden Seite zeigen Szenen aus regionalen Sagen und Mythen und sollten die Kurgäste zu Ausflügen in die Umgebung inspirieren.

Adresse Kaiserallee 3, 76530 Baden-Baden | **Anfahrt** A 5, Ausfahrt Baden-Baden, dann Richtung Zentrum fahren, über die Europastraße, Lange Straße in die Kaiserallee, parken in der Congress/Parkgarage | **Tipp** Die Fettquelle sprudelt mit 47 Grad aus dem Fels hinter dem Friedrichsbad am Römerplatz. Die kleine Grotte aus Sintergestein wurde um 1870 gefasst. Ihren Namen hat sie von den Steinen, die das Wasser fettig glänzen lassen.

14 Die Burg Baden

Romantikruine in Premiumlage

Wie eine etwas schiefe Krone thront die Ruine der Burg Baden über dem Kurpark von Badenweiler. Ein malerischer Anblick. Potenzielle Invasoren erwartete am Burgberg jedoch einst ein Knochenjob. Denn der Hügel fällt nach Südwesten hin steil ab und machte eine Eroberung fast unmöglich. So kam es, dass die Burg Baden die Bauernkriege im 16. Jahrhundert ebenso wie später den Dreißigjährigen Krieg relativ unbeschadet überstand. Erst 1678 wurde sie während des Holländischen Krieges, der eigentlich ein gesamteuropäischer Krieg war, durch französische Truppen zerstört. Was davon übrig blieb, entwickelte sich zu einer der romantischsten Burgruinen im Schwarzwald.

Der Innenhof ist von Norden und Süden von massiven Mauern und einem vorgelagerten Zwinger umgeben. Westlich davon liegt der Bergfried, auf dem einst die Wachen postiert waren und der heute eine Premiumaussicht bietet. Das Rundumpanorama reicht vom Schwarzwald bis zu den Vogesen. Die ausladenden Dimensionen der Anlage lassen sich allerdings nur noch erahnen.

Bereits im 12. Jahrhundert spielte die Burg Baden eine strategische Rolle in der Region. Zunächst kontrollierten die Zähringer von hier aus den Silberbergbau im Schwarzwald, später wurde sie mehrmals verkauft, verschenkt, eingetauscht, vererbt – und die Bevölkerung gleich mit. Für die Bediensteten war das Burgleben ziemlich spartanisch. Sie schliefen auf Strohsäcken, während die Herrschaften in Federbetten ruhten. Unter der Kälte im Winter litten beide gleichermaßen, und so war es gut, dass zumindest die Fensterläden dicht gemacht werden konnten. Die 19 Fässer Wein im Keller mögen ein Übriges zur Erwärmung beigetragen haben. Seit 1503 gehörte die Burg zur Markgrafschaft Baden. Im 19. Jahrhundert erkannte der Markgraf Karl Friedrich von Baden, der Badenweiler ohnehin sehr zugetan war, das touristische Potenzial der Ruine. Er sollte recht behalten.

Adresse Burg Baden, 79410 Badenweiler | **Anfahrt** A 5, Ausfahrt Müllheim, B 378 bis Badenweiler, parken im Parkhaus am Schlosspark, Friedrichstraße 4. Von hier aus sind es circa 20 Gehminuten zur Burg Baden. Der Weg beginnt links neben dem Kurhaus. | **Öffnungszeiten** immer zugänglich | **Tipp** »Kaffeemühle« wird der legendäre Rundweg durch den Kurpark genannt. Er führt vorbei an botanischen Highlights, architektonischen Kleinodien und spektakulären Aussichtspunkten.

15 Das Kurhaus

Preisgekrönter Pulsbeschleuniger

Der traditionsreiche Kurort Badenweiler am Südrand des Schwarzwaldes hat alles, was den Pulsschlag besänftigt. Viel Landschaft, mildes Heilklima, Sanatorien, eine Therme und Heilquellen, von denen sich schon die Römer begeistern ließen. Im Herzen von Badenweiler steht, wie es sich gehört, ein Kurhaus, und ausgerechnet das bringt den Puls der Besucher wieder gefährlich in Wallung. Mal vor Entsetzen, mal vor Begeisterung. Es polarisiert seit seiner Eröffnung 1972. Der Beton macht's. Fakt ist: Die preisgekrönte und nach wie vor modern anmutende Anlage gilt als ein herausragendes Beispiel für die Formensprachen der Architektur der 1960er Jahre. Der Architekt war Klaus Humpert, ein Schüler des legendären Stardesigners Egon Eiermann.

Die Dimensionen des Gebäudes erinnern an die Boomjahre, die Badenweiler erlebte, als die Badekur noch eine Kassenleistung war. 5.373 Quadratmeter Grundfläche und 27.651 Kubikmeter umbauter Raum, das ist stattlich. Umso mehr überrascht die filigrane Anmutung des Gebäudes. Das Kurhaus wirkt wie mit dem Burgberg verwachsen. Mit einem »Baumpilz« verglich es Humpert. Die vier asymmetrisch angeordneten Ebenen werden von Säulen getragen und gehen jeweils in Außenterrassen über. Im Inneren ist das Haus lichtdurchflutet, auf der einen Seite gibt es den Blick zum Hang frei, auf der anderen schaut man in das Grün des Kurparks. Beton und Glas sind die vorrangigen Baustoffe.

Das dreigeschossige Foyer ist Wandelhalle und Durchgang zugleich. Die Etagen sind aufgeteilt in ein »Promenadengeschoss«, ein »Wiesengeschoss« und ein »Musengeschoss« und öffnen sich zu Konferenz- und Vortragsräumen, Café, Sitzecken und Ausstellungsflächen. Im Untergeschoss befindet sich ein Konzertsaal mit 500 Plätzen. Zum Gesamtkunstwerk wird das Kurhaus nicht zuletzt durch die Wandbilder, die von renommierten Künstlern gestaltet wurden, darunter Otmar Alt und Bert Jäger.

Adresse Schlossplatz 2, 79410 Badenweiler, www.badenweiler.de | Anfahrt A 5, Ausfahrt Müllheim, B 378 bis Badenweiler, parken im Parkhaus am Schlosspark, Friedrichstraße 4. Von hier aus sind es 2 Gehminuten zum Kurhaus. | Öffnungszeiten 15. Nov. – 15. März Mo – So 10 – 19 Uhr; 16. März – 14. Nov. 10 – 22 Uhr | Tipp Weitere sehenswerte Kulturschätze in Badenweiler sind das Großherzogliche Palais, der Tschechow-Salon und das Inhalatorium.

16 Die römische Badruine

Erholung vom rauen Germanien

Der Ablauf kommt einem irgendwie bekannt vor. Erst geht es ins kalte Bad, dann ins warme und anschließend ins heiße. Oder wie der Lateiner sagt: Frigidarium, Tepidarium, Caldarium. Bis auf das Blei in den Wasserleitungen war die Prozedur gesund. Die römische Badekultur erfreute sich dank der am Schwarzwaldrand sprudelnden heißen Quellen ab 70 n. Chr. großer Beliebtheit erfreute. Nach und nach entstanden imposante Badehäuser, in denen sich die römischen Eroberer vom rauen Klima und den widerborstigen Einheimischen in Germania superior erholen konnten.

Eine der schönsten Badeanlagen entdeckten Archäologen im 18. Jahrhundert in Badenweiler unter Schutt und Steinen. Ein Minister des Markgrafen von Baden sorgte 1784 dafür, dass die Ruine gesichert wurde. Er ließ ein Schutzdach bauen und den ersten Grabungsbericht über ein römisches Denkmal in Deutschland verfassen. Die Badruine ist die größte ihrer Art nördlich der Alpen.

Da bei den Römern Männer und Frauen getrennt badeten, ist das Gebäude spiegelbildlich angelegt. Neben Kalt-, Warm- und Heißwasserbecken existierten weitere Räume. Hinzu kamen Wasserkanäle sowie ein ausgetüfteltes Heizsystem und ein unterirdischer Drainagekanal, der heute noch bei Führungen besichtigt werden kann. An zentraler Stelle platzierten die Römer einen Weihestein für die keltische Fruchtbarkeitsgöttin Abnoba, die sie »Diana Abnoba« nannten und zur Göttin des Schwarzwaldes kürten. Ihr wurde das Badehaus geweiht.

Die Praxis, in den eroberten Ländern einheimische Götter mit den eigenen zu verschmelzen, hatte sich offenbar als vertrauensbildende Maßnahme bewährt. Ab 259 n. Chr. nützte das jedoch nichts mehr, denn nun eroberten die Germanen die Region, und die Römer mussten sich auf die andere Rheinseite zurückziehen. Das großartige Bad wurde für Jahrhunderte beliebter Steinbruch für allerlei Bauprojekte.

Adresse Schlossplatz 2, 79410 Badenweiler | Anfahrt A 5, Ausfahrt Müllheim, B 378 bis Badenweiler, parken im Parkhaus am Schlosspark, Friedrichstraße 4. Von hier aus sind es 4 Gehminuten zum Kurhaus. | Öffnungszeiten 1. April – 31. Okt. Mo – So 10 – 19 Uhr; 1. Nov. – 31. März Mo – So 10 – 17 Uhr | Tipp Für den Besuch in Badenweiler lohnt es sich, Badesachen einzupacken, denn die heißen Quellen der modernen Cassiopeia Therme garantieren Wellness vom Feinsten.

17 Die Hinterwälder

Die Genügsamen und ihr Fanclub

Es gibt Kulturschätze, die haben vier Beine, eindrucksvolle Hörner und sind Hochschwarzwälder Originale. In ihrer Heimat erledigen sie einen verantwortungsvollen Job. Die Rede ist von den Hinterwäldern, der kleinsten Rinderrasse Mitteleuropas. Weil sie wendig und auch auf schwierigen und steilen Hängen trittsicher sind, können sie dort einen Beitrag dazu leisten, dass die Bergwiesen nicht vom Wald »verschluckt« werden. Sie weiden da, wo ihre Artgenossen längst ins Straucheln kommen. Hinterwälder haben die Kulturlandschaft im Südschwarzwald einst geprägt und gehören heute selbst zum Kulturgut der Region.

Die Ursprünge der genügsamen Rinderrasse sollen bis auf das Keltenrind zurückzuführen sein. Im Laufe der Jahrhunderte haben sich die Tiere perfekt an die rauen Bedingungen in den Höhenlagen angepasst. Ihr Stammgebiet liegt zwischen Feldberg, Belchen und dem großen Wiesental. Hinterwälder sind relativ klein und bringen weniger Gewicht auf die Waage, weshalb sie im Gelände auch weniger Trittschäden verursachen. Ihr Fell ist hellgelb bis rotbraun und weiß gescheckt, die Hörner oft lyraförmig geschwungen. An die Nahrung stellen sie keine großen Ansprüche. Sie fressen zur Not auch grobes Borstgras und werden sogar mit holzartigen Pflanzen fertig. Dafür setzen sie weniger Fleisch an und geben weniger Milch. Genau das ist der Grund, warum sie fast ausgestorben wären. 1992 wurde das Hinterwälderrind zur gefährdeten Nutztierrasse erklärt, und der Stuttgarter Zoo Wilhelma schaffte sich vorsorglich schon mal eine kleine Herde an.

Wichtigere Überlebenshilfe leistete ein Förderverein, der sich um die Zucht und Vermarktung kümmerte. Er erreichte, dass die Hinterwälder einen Fanclub gewannen. Dieser setzt sich vor allem aus Feinschmeckern zusammen. Das Fleisch der Rinder aus dem Schwarzwald wird von Gourmetköchen geschätzt, ebenso gilt der Käse aus Hinterwälder-Milch als Delikatesse.

Adresse Hofstraße 5, 79872 Bernau-Hof | **Tipp** Hinterwälder entdeckt man zwischen Schluchsee, Bernau, Feldberg und Schönau im Wiesental. Der Hof Till in Schluchsee-Äule hat sich auf die Hinterwälder spezialisiert und produziert feinsten Käse. Den gibt es im hofeigenen Laden (Äule 9, 79859 Schluchsee, www.hof-till.de).

18 Das Hans-Thoma-Kunstmuseum

Die Schwarzwaldlandschaft in der Seele

Welche Perspektiven hatte ein Junge aus ärmlichen Verhältnissen in einem Schwarzwalddorf vor über 150 Jahren? Er wurde Knecht, Schnitzer oder Schildermaler, Wald- oder Fabrikarbeiter. Nur wenige haben es geschafft, über die Region hinaus berühmt zu werden. Hans Thoma aus Bernau (1839–1924) ist einer von ihnen. Seit 1949 widmet ihm sein Heimatdorf in den oberen beiden Etagen des Rathauses ein eigenes Museum. Es präsentiert Gemälde, Grafiken und Majolika Thomas. Sehenswert sind hier auch die zarten Zeichnungen, mit denen der Künstler mit wenigen Strichen die karge Landschaft seiner Heimat skizzierte. Die Werke zeigen, wie sehr das Bernauer Hochtal Thoma inspirierte.

Anfang des 20. Jahrhunderts galt der Sohn eines Holzarbeiters als einer der beliebtesten Landschafts- und Porträtmaler Deutschlands. Bis dorthin war es ein langer Weg. Nach zwei abgebrochenen Lehren konnte er dank eines Stipendiums an der Großherzoglichen Kunstschule in Karlsruhe zwar endlich studieren, doch der Erfolg blieb aus. Trotz Geldsorgen gelang es ihm zu reisen, unter anderem nach Paris, wo ihn die Bilder Gustave Courberts beeindruckten. Zwischendurch zog er sich immer wieder zum Malen nach Bernau zurück.

Erst mit 51 Jahren gelang Hans Thoma mit einer Ausstellung im Münchner Kunstverein der künstlerische Durchbruch. Von nun an ging es steil bergauf, nicht zuletzt dank namhafter Mentoren, darunter der Schwiegersohn Cosima Wagners, der Direktor des Frankfurter Städel Museums war. Krönung seiner Karriere war die Berufung zum Direktor der Großherzoglichen Kunsthalle in Karlsruhe und zum Professor an der Kunstschule, an der er einst studierte. Ganz im Sinne Thomas dürfte deshalb ein weiterer Schwerpunkt des Museums in Bernau sein. Er widmet sich der Förderung von Künstlern aus Baden-Württemberg und stellt deren Werke aus.

Adresse Rathausstraße 18, 79872 Bernau-Innerlehen | **Anfahrt** über B 31, B 317, B 500, L 146 nach Bernau, Hans-Thoma-Kunstmuseum im Ortsteil Innerlehen ist ausgeschildert | **Öffnungszeiten** Mi–Fr 10.30–12 Uhr und 14–17 Uhr, Sa, So, Feiertage 11.30–17 Uhr, Mitte Nov.–Mitte Dez., 24., 25., 31. Dez. geschlossen, Führungen unter www.hans-thoma-museum.de | **Tipp** Wer nach Bernau kommt, sollte die Wanderschuhe dabeihaben. Kunst- und Naturgenuss lassen sich ideal bei einer Tour zu den historischen Kapellen im Bernauer Hochtal verbinden. Eine Broschüre dazu ist bei der Tourist-Info im Rathaus erhältlich.

19_Der Resenhof

Wo im Winter geschnefelt wird

Mit Speck fängt man Mäuse. Aber wie baut man eine Mausefalle? Genaueres darüber ist bei einem Rundgang durch den Resenhof in Bernau zu erfahren. Unter dem mächtigen Dach des rund 220 Jahre alten Schwarzwaldhofes befindet sich seit 1977 ein Holzschneflermuseum, in dem altes und für die Region um Bernau einst typisches Handwerk vorgeführt wird. Die Schnefler waren Schnitzer, die allerlei Nützliches aus Holz fertigten: Krauthobel, Löffel, Blasebälge, Schachteln, Bürsten, Kübel und Fässer, Schindeln fürs Dach – und eben auch Mausefallen. Letzteres war eine sinnvolle Investition in einem Eindachhaus, in dem, wie der Name sagt, Mensch und Tier unter einem Dach wohnten und die Vorräte eine ständige Verlockung für die Nager darstellten.

Verarbeitet wurde, was in der Region am meisten vorhanden war, nämlich Holz. Der Wald befand sich im Besitz des Klosters St. Blasien. Bernau war ein Lehen des Klosters, was heute noch an den Namen der Ortsteile Oberlehen, Innerlehen, Unterlehen zu erkennen ist. Da St. Blasien wie die gesamte Region zu Vorderösterreich gehörte, wurde über die Holzzuteilung für die Schnefler im fernen Wien per kaiserlichem Hofdekret entschieden. So auch 1791, als die Wälder aufgeteilt wurden und manche Höfe eigenen Wald erhielten, was einen Aufschwung für die Holzverarbeitung bedeutete.

Um 1850 hobelten, schnitzten und drechselten rund 200 Schnefler im Bernauer Hochtal, meist während der schneereichen Wintermonate, wenn die Landwirtschaft ruhte. Ein wichtiger Zuverdienst, um in der kargen Landschaft ein Auskommen zu haben. Gearbeitet wurde im funzeligen Licht eines Kienspans vor dem Kachelofen in der guten Stube, denn das war meist der einzige Raum in dem riesigen Haus, der beheizt werden konnte. Jeder musste mit anpacken, Männer, Frauen, Kinder. Im Laufe der Jahre entwickelten sich sogar kleine Fabriken, und Bernau wurde das Holzschneflerdorf im Schwarzwald.

Adresse Resenhofweg 2, 79872 Bernau-Oberlehen | **Anfahrt** über B 31, B 317, B 500, L 146 nach Bernau-Innerlehen, rechts in den Resenhofweg | **Öffnungszeiten** 7. Jan. – 1. März So 14 – 17 Uhr; 2. März – 15. Mai Mi, So 14 – 17 Uhr; 15. Mai – 15. Nov. Mi – So, Feiertage 14 – 17 Uhr; 12. Nov. – 25. Dez. geschlossen | **Tipp** Wer wissen möchte, wie die Holzschneflertradition in die Moderne überführt wurde, kann das »Forum erlebnis:holz« in der Weißtannenhalle direkt neben dem Resenhof besuchen.

20_Die Sandsteinschale

Taufstein, Teufelsstein oder einfach nur Brunnen?

Dem Volksmund wird ja gern zugutegehalten, dass er den Nagel bereits auf den Kopf trifft, wenn andere noch im Nebel stochern. Im Falle der Sandsteinschale im Hof der Pfarrkirche von St. Ulrich wollte aber nicht einmal der Volksmund Nägel mit Köpfen machen. Sowohl hinsichtlich der Herkunft als auch beim Namen scheiden sich die Geister. Mal ist von einem Taufstein, mal von einem Teufelsstein die Rede. Doch das ist nicht das einzige Mysterium. Unklar ist auch, wie das acht Tonnen schwere Monstrum mit einem Durchmesser von fast zweieinhalb Metern durch das enge und steile Tal verfrachtet werden konnte. Der Sage nach hatte der Teufel seine Hand im Spiel. Das heißt, er übernahm die Anlieferung und wurde, als es um den sauer verdienten Lohn in Form einer armen Seele ging, von Ulrich ausgetrickst. Wie auch immer es sich zugetragen haben mag, Fakt ist, dass die Schale aufs Schönste verziert wurde, und zwar mit so vielen Heiligenfiguren, dass der Teufel sicherlich freiwillig auf eine Rückgabe verzichtet hätte.

Die eingemeißelten Reliefs zeigen Christus inmitten von Evangelistensymbolen und Engeln, außerdem eine Marienfigur, einen Fries mit kämpfenden Tieren und Meerwesen sowie florale Elemente. Die Steinmetzarbeiten sind zwar im Laufe der Zeit stark verwittert und nur noch undeutlich zu erkennen, aber die Fachwelt ist sich über ihre Qualität einig. Uneins ist man sich indes darüber, ob das Ganze ein Brunnen oder ein Taufstein war. Auch das Alter blieb unklar. Meist werden die Reliefs unter Berufung auf ähnliche Steinmetzarbeiten in Straßburg und Schaffhausen, die alle um 1100 entstanden, auf das 12. Jahrhundert datiert. Zu der Zeit gründete Ulrich auch sein Kloster, das heutige St. Ulrich, als Priorat der mächtigen burgundischen Abtei von Cluny. Den letzten Alters- und Herkunftsbeweis blieben die Forscher allerdings schuldig. Und deshalb zählt die Steinschale weiterhin zu den besonders rätselhaften romanischen Skulpturen am Oberrhein.

Adresse St. Ulrich 10, 79283 Bollschweil | **Anfahrt** A 5, Ausfahrt Bad Krozingen, über Staufen, Ehrenkirchen, Bollschweil nach St. Ulrich | **Tipp** Die Schriftstellerin Marie-Luise Kaschnitz ist im Schloss Bollschweil aufgewachsen und zog sich zeitlebens immer wieder in ihr Elternhaus zurück. Die Gemeinde würdigt ihre berühmte Bürgerin mit einer Dauerausstellung im Kaschnitz-Zimmer im Rathaus. Besichtigungstermine unter www.bollschweil.de.

21 Die Ravennabrücke

Alte Dame mit bewegter Geschichte

Mächtig ragen die mit 20 Meter weiten Bögen verbundenen Pfeiler in den Himmel. Wie eine Modelleisenbahn wirkt der Zug, der auf schwindelerregender Höhe von 36 Metern darüber hinwegzuckelt. Die Ravennabrücke über die gleichnamige Schlucht ist das Highlight der Höllentalbahn, der steilsten Hauptbahn Deutschlands, die Freiburg mit dem Hochschwarzwald verbindet. Über 90 Jahre hat sie bereits auf dem Buckel und ist für ihr hohes Alter erstaunlich fit. Das liegt an der soliden Bauweise. Die tief im felsigen Grund verankerten Pfeiler bestehen im Inneren aus Stampfbeton und außen aus witterungsbeständigem Granitstein.

Die erste Ravennabrücke entstand im 19. Jahrhundert nach den Plänen von Robert Gerwig. Der badische Ingenieur, der bereits am Bau der Gotthardbahn beteiligt war, wurde mit der Eisenbahnlinie zwischen Freiburg und Neustadt beauftragt. Bis die rund 25 Kilometer lange Strecke nach vierjähriger Bauzeit 1887 fertig war, quälten sich über 1.100 Menschen durch steiles, unwegsames Gelände, schlugen Schneisen, sprengten Tunnel in den Fels, schafften Geröll beiseite und kämpften mit Wind und Wetter. Nicht umsonst heißt das Tal, das zu durchqueren war, Höllental. Die Arbeiter, darunter viele Wanderarbeiter aus Italien, hausten zumeist in Baracken neben der Baustelle.

Bereits diese erste Ravennabrücke, eine 222 lange Gitterhängebahn, war eine Meisterleistung. Allerdings schwächelte sie unter der Last der schweren Loks, die wegen der extremen Steigung auf der Strecke zeitweise doppelt vor und hinter die Waggons gespannt werden mussten. So entstand zwischen 1925 und 1927 der Viadukt aus Stein. Kurz vor Kriegsende wurde er 1945 von deutschen Soldaten gesprengt und 1947 auf Befehl der französischen Besatzungsmacht wiederaufgebaut. Über die Namensherkunft der Schlucht wird viel gerätselt. Sicher ist, dass sie nichts mit der italienischen Stadt Ravenna zu tun hat.

Adresse Höllsteig 76, 79874 Breitnau | **Anfahrt** B 31 bis Ausfahrt Hofgut Sternen, hier parken und zu Fuß dem Wegweiser Ravennaschlucht folgen | **Tipp** Das Hofgut Sternen am Fuß der Ravennabrücke ist aus zweierlei Gründen sehenswert. Zum einen ist es ein internationaler Hotspot in Sachen Black Forest Souvenir. Zum anderen betteten in dem historischen Gasthaus einst so illustre Gäste wie Marie-Antoinette und Goethe ihre von langen Kutschfahrten geschundenen Gliedmaßen zur Ruh.

22 Die St.-Oswald-Kapelle

Schaurige Überraschung am Raubritterweg

Wo heute allenfalls Radarfallen blitzen, lockten einst Raubritter die Reisenden in den Hinterhalt. Dann ging es nicht nur ums Geld, sondern oft auch ums Leben. Das Höllental galt als äußerst ungemütliche Destination. Im 12. Jahrhundert beschlossen die Zähringer, ein Fürstengeschlecht, dessen Einflussgebiet bis hinauf auf die Baar reichte, den Schwarzwald zu erschließen. Für diese Aufgabe schienen die Herren von Falkenstein am besten geeignet, deren Burg am Eingang zum Höllental lag. Als unfreie Beamte mussten sie die Vorgaben der Zähringer umsetzen, ließen für den Weg durch das Tal Wald roden und errichteten 1148 auf halber Strecke eine Kapelle, die Oswald-Kapelle.

Der Konstanzer Bischof reiste persönlich an und weihte das Kirchlein dem heiligen Oswald, der über das angelsächsische Kleinkönigreich Northumbria geherrscht hatte und 642 als Märtyrer starb. Die Kapelle gilt als ein Meilenstein für die Besiedelung des Hochschwarzwaldes und hat im Laufe der Zeit viel Prominenz vorbeiziehen sehen. 1770 etwa polterte der Tross von Marie Antoinette mit Kutschen und 450 Pferden durchs Höllental. Die Tochter der österreichischen Kaiserin war auf dem Weg zur Hochzeit mit dem französischen König.

Die fast 900 Jahre alte Kapelle weist Stilelemente mehrerer Epochen auf. Teile des Mauerwerks sind frühromanisch, das Kirchenschiff ist gotisch, ebenso das Fenster an der Ostseite. Der Flügelaltar aus der Zeit um 1515 wird Mitarbeitern aus der Werkstatt von Hans Baldung Grien zugeschrieben. Die Figuren sind so wertvoll, dass man sie durch Kopien ersetzte. Einmalig sind auch die Glocken, die 1503 und 1581 gegossen wurden und im Original erhalten blieben. Etwas schaurig wird es neben dem Eingang zur Sakristei. Durch eine Glasscheibe blickt man auf einen Berg aus Knochen und Schädeln. Das Beinhaus beherbergt die einst auf dem Friedhof neben der Kapelle bestatteten Bewohner des Höllentals.

Adresse Höllsteig 79, 79874 Breitnau | **Anfahrt** B 31 bis Ausfahrt Hofgut Sternen und dem Wegweiser Richtung Zollhaus und St.-Oswald-Kapelle folgen | **Öffnungszeiten** Den Schlüssel zur St.-Oswald-Kapelle kann man an der Hotelrezeption des Hofgut Sternen ausleihen. | **Tipp** Wer mehr über die Besiedelung des Höllentals erfahren will, dem sei ein Besuch der kleinen Ausstellung im alten Zollhaus empfohlen. Der Schlüssel ist an der Hotelrezeption des Hofgut Sternen erhältlich.

23 Das Hermann-Hesse-Museum

Auf den Spuren des Meisters

Aufwendig gearbeitete Fachwerkhäuser lehnen sich aneinander. Die steilen, verwinkelten Gassen sind mit Kopfstein gepflastert. Ein großzügiger Steinbrunnen plätschert am Marktplatz, und über allem ragt die evangelische Stadtkirche in den Himmel. Ungeachtet der Touristenscharen erinnert die Stadt immer noch an das Calw des jungen Hermann Hesse. In seiner Erzählung »Der Mohrle« beschreibt er 1902 seine Heimat als »… Urbild aller Menschenheimaten und Menschengeschicke«. Sein Geburtshaus und das Museum, das sein Leben und Werk rekapituliert, liegen nur einen Steinwurf voneinander entfernt.

Das Museum befindet sich in der Beletage eines historischen Bürgerpalais, dem »Haus Schütz«. Die Ausstellung unternimmt eine Spurensuche, an deren Ende ein facettenreiches Bild dieses großen Calwer Sohnes entstehen soll. Sie beschreibt den Werdegang Hesses, beginnend mit den ersten Schreibversuchen des Kindes bis hin zum berühmten Schriftsteller, dem weltweit am meisten gelesenen deutschsprachigen Autor des 20. Jahrhunderts. Erstausgaben, Manuskripte, Briefe, Alltagsgegenstände, Aquarelle, Plakate und persönliche Dinge geben der Ausstellung eine sehr private Note.

Der Rundgang beginnt mit der Kindheit in einer streng evangelischen Familie. Es folgen Schul- und Lehrjahre sowie die Zeit als Seminarist in der verhassten Klosterschule Maulbronn, die in einem Zusammenbruch endet. Weitere Stationen veranschaulichen die schriftstellerischen Anfänge und zeigen, wie zielstrebig Hesse sich dem Schreiben näherte, trotz aller Umwege, die er einschlagen musste. Auch seine Selbstironie ist ein Thema, etwa in dem tragischkomischen Gedicht »Zu Johannes dem Täufer / sprach Hermann der Säufer«. Der biografische Bogen wird bis zu den berühmten Romanen gespannt und würdigt nicht zuletzt den Maler Hermann Hesse.

Adresse Marktplatz 30, 75365 Calw | **Anfahrt** A 81, Ausfahrt Calw, B 295 und 296 bis Calw, bei der Brücke links abbiegen und das Parkhaus am Marktplatz ansteuern | **Öffnungszeiten** April–Okt. Di–So 11–17 Uhr; Nov.–März Mi–So 11–16 Uhr | **Tipp** Calw bietet einen literarischen Streifzug auf den Spuren Hermann Hesses. Der Flyer dazu liegt im Hermann-Hesse-Museum aus.

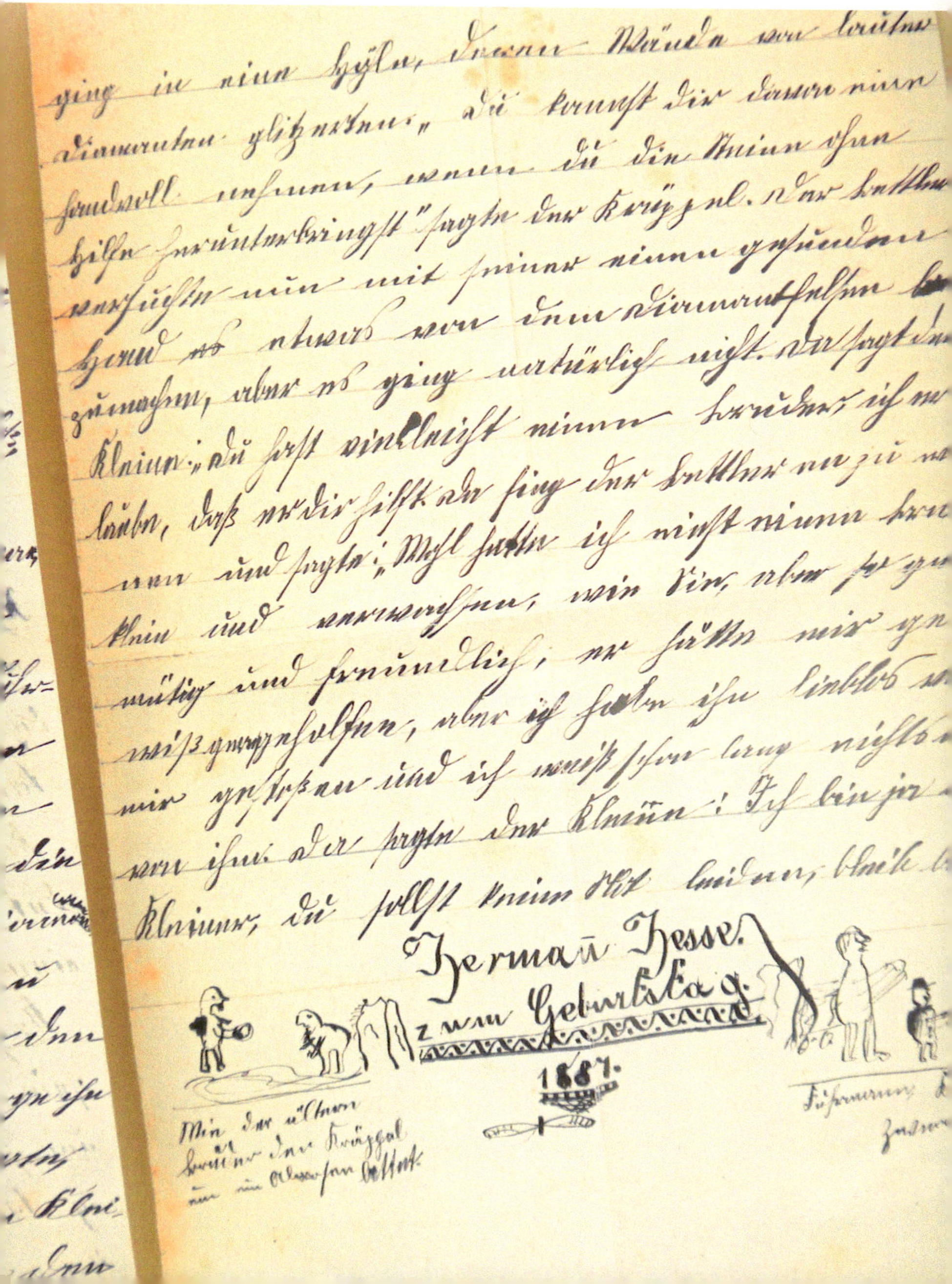

24 Das Palais Vischer

Die goldenen Jahre der Holzpatrone

Auf manchen alten Stichen und Gemälden erscheint der Schwarzwald ungewöhnlich hell und licht. Wo sind all die Tannen? Antwort: in Holland. Die Niederlande waren im 17. und 18. Jahrhundert der größte Holzimporteur Europas. Ob für Handelsschiffe, Kriegsschiffe, Deiche, Kanäle oder Windmühlen, der Bedarf war enorm. Die einzige Möglichkeit, die Tannen-, Fichten-, Buchen- und Eichenstämme am Stück vom Schwarzwald nach Holland zu transportieren, war der Wasserweg. Die Flößerei florierte, und die Holzhändler kamen zu großem Reichtum. Einer von ihnen war Johann Martin Vischer, der Eigentümer der Calwer Holländer Holz-Companie. Direkt an der Nagold, auf der die Flöße gen Amsterdam schipperten, baute er sich 1787 seinen Firmen- und Wohnsitz. Das Palais Vischer, das heute das Stadtmuseum beherbergt, ist die prachtvollste Villa in Calw und vermittelt einen Eindruck vom Wohlstand der Holzpatrone.

Als Architekt wurde kein Geringerer als der Stuttgarter Hofbaumeister Reinhard Ferdinand Heinrich Fischer engagiert. Er entwarf ein Palais im Stil des Schwäbischen Klassizismus: üppiger Fassadenschmuck, elegante Treppenführung, Wohngeschosse mit mehreren Salons und natürlich viel Stuck. Im Erdgeschoss waren die Geschäftsräume untergebracht, dazu Lagerräume und eine Kutschenremise. Einige Räume sind im Originalzustand erhalten und gehören zum Museum, darunter auch das sogenannte Landschaftszimmer mit seinen von Nikolaus von Thouret entworfenen klassizistischen Möbeln.

Im Palais Vischer wurde 1799 die Tochter des Hausherrn, Emilie, geboren, die es später zu einiger Berühmtheit brachte. Emilie heiratete mit 21 Jahren den zwölf Jahre älteren Dichter, Advokaten und Politiker Ludwig Uhland. Nach Uhlands Tod 1862 entwickelte sich seine Witwe zur selbstbewussten Verwalterin seines Nachlasses, verhandelte mit Verlagen und verfasste die erste Biografie des Dichters.

Adresse Bischofstraße 48, 75365 Calw | Anfahrt A 81, Ausfahrt Calw, B 295 und 296 bis Calw, vom Parkhaus am Marktplatz zu Fuß zurück über die Marktbrücke zum Palais Vischer | Öffnungszeiten April–Okt. Sa, So 14–17 Uhr, Nov.–März geschlossen | Tipp Im Gebäude einer ehemaligen Gerberei in der Badstraße 7/1 befindet sich das Gerbereimuseum, das über ein weiteres florierendes Handwerk der Stadt Calw informiert (April–Okt. So 14–17 Uhr).

25 Das Kloster Hirsau

Wo die Laienbrüder erfunden wurden

Verlassen liegt die Ruine des Benediktinerklosters in der Mittagssonne. Durch Gerippe aus feinstem Maßwerk blickt man auf die Grasfläche des Kreuzgangs. Wo einst Mönche schweigend meditierten, huschen Eidechsen von Stein zu Stein. Unterbrochen wird die klösterliche Stille nur vom viertelstündlichen Läuten der Glocken im Eulenturm, dem Nordturm der einstigen Klosterkirche St. Peter und Paul mit seinem geheimnisvollen Fries, das Menschen- und Tierfiguren zeigt. Der Turm stammt aus dem Jahr 1120, ist 37 Meter hoch und der einzige Teil der Anlage, der überlebt hat. Der Rest wurde 1692 im Pfälzischen Erbfolgekrieg zerstört.

Dass Hirsau im 11. Jahrhundert eines der einflussreichsten Benediktinerklöster war, geht zurück auf einen Mönch namens Wilhelm, der 1069 Abt des Klosters im Nagoldtal wurde und strenge Reformen einleitete. Die benediktinischen Regeln Gehorsam, Schweigen und Demut interpretierte Wilhelm derart streng, dass den Mönchen keine Zeit mehr für so weltliche Dinge wie Feld- oder Gartenarbeit blieb. Für schwere körperliche Tätigkeiten erfand der Abt deshalb den Stand der Laienbrüder. Das Hirsauer Modell machte schnell Schule und bescherte auch anderen Klöstern regen Zulauf. Als Laienbrüder bewarben sich nämlich in der Regel Männer aus ärmeren Schichten, oft, um der Willkür ihrer Feudalherren zu entkommen.

Auch auf anderer Ebene war Hirsau wegweisend. Der strenge romanische Baustil wurde zum Vorbild für andere Kirchen und Klöster, zum Beispiel in Alpirsbach. Mit der Reformation 1534 ging Hirsau in den Besitz des Herzogtums Württemberg über. Der neue Eigentümer kündigte den Mönchen und installierte eine evangelische Klosterschule. Und als wolle er zeigen, dass jetzt Schluss ist mit benediktinischer Askese, ließ er sich 1589 gleich nebenan ein repräsentatives Jagdschloss im Stil der Renaissance errichten, in dem so manch rauschendes Fest über die Bühne ging.

Adresse Klosterhof, 75365 Calw-Hirsau | **Anfahrt** B 296 von Calw nach Hirsau, von der Wildbader Straße rechts in den Klosterhof abbiegen. | **Tipp** Lohnenswert ist der Besuch im Klostermuseum, das sich auf der Nordseite der Aureliuskirche in der Calwer Straße 6 in Hirsau befindet (April–Okt. Di–Fr 13–16 Uhr, Sa, So 12–17 Uhr).

26 Der Donaueschinger Jugendstil

Wo Balkone, Giebel und Gesimse erblühen

Der 8. August 1908 war ein brütend heißer Sommertag. Am Horizont türmten sich Gewitterwolken, durch die Gassen fegte ein heißer Wind. Viele Donaueschinger halfen bei der Ernte, als in einer Scheune am Stadtrand ein Brand ausbrach. Für die Feuerwehr sah zunächst alles nach einem Routineeinsatz aus. Doch bald fachte der Wind das Feuer immer stärker an, und innerhalb kurzer Zeit trieb eine riesige Feuerwalze auf die Innenstadt zu. Sie verschlang Häuserzeile um Häuserzeile. 14 Stunden wüteten die Flammen, bis der endlich einsetzende Gewitterregen den über 1.000 Feuerwehrleuten aus der gesamten Umgebung zu Hilfe kam. 300 Gebäude waren zerstört, 273 Familien obdachlos. Fast die gesamte Innenstadt lag in Schutt und Asche. Und genau das war die Geburtsstunde des Jugendstils in Donaueschingen.

Da Donaueschingen Residenzstadt des Fürsten zu Fürstenberg war und dieser gute Kontakte zu Kaiser Wilhelm II. hatte, gelang es, für den Wiederaufbau die stattliche Summe von umgerechnet 20 Millionen Euro einzutreiben. Umgesetzt wurde das Neubauprogramm vom fürstenbergischen Bauinspektor und Architekturprofessor Josef Graf. Auf ihn geht das völlig neue und farbenfrohe Erscheinungsbild der Innenstadt zurück, das stark vom Jugendstil geprägt ist, aber gleichzeitig einen bunten Mix weiterer Stilelemente aufweist. Darunter finden sich Zitate des Historismus, des Neobarock und sogar mittelalterlicher Ornamentmotive.

Der Stadtrundgang gereicht heute zu einer wahren Entdeckungsreise: Fassaden, Simse und Fenster mit verschlungenen floralen Formen, Erker und Friese mit prächtigen Schmuckornamenten und bunte Glasfenster, deren Formensprache bereits in Richtung Art déco geht. Eine himmelblaue Augenweide ist das Rathaus im Stadtzentrum, das für die spezielle Ausprägung des Jugendstils in Donaueschingen steht.

Adresse 78166 Donaueschingen | Anfahrt A 81, Ausfahrt Donaueschingen, Richtung Stadtmitte, Parkplatz Karlstraße | Öffnungszeiten Die Tourist-Info bietet Führungen sowie eine Broschüre zum Thema Jugendstil in Donaueschingen an, Karlstraße 58, 78166 Donaueschingen. | Tipp Die Pracht der Belle Époque und des Historismus ist im Residenzschloss von Donaueschingen zu bestaunen. Von April bis September werden kunsthistorische Führungen angeboten. Termine unter www.fuerstenberg-kultur.de.

27 Die Donauquelle

Sehnsuchtsort und Zankapfel

Mal schimmert sie geheimnisvoll tiefgrün, dann wieder fast blau. Die Donauquelle beherrscht das Farbenspiel. Sie ist Gegenstand von Sagen und Legenden und ein besonderer ästhetischer Blickfang zwischen dem Park des Fürstlich Fürstenbergischen Schlosses und der Kirche St. Johann. Das kreisrund gemauerte Quellbecken stammt von dem Architekten Adolf Weinbrenner, einem Großneffen des berühmten badischen Baumeisters Friedrich Weinbrenner. Die schmiedeeisernen Ornamente hat der Bildhauer Franz Xaver Reich entworfen. Den Rand des Ensembles ziert eine Skulpturengruppe. Sie symbolisiert die »Mutter Baar«, die ihrer Tochter Donau den Weg nach Osten zeigt. Rund 2.840 Kilometer sind es bis zur Mündung.

Was da in Donaueschingen als Karstaufstoßquelle mit 50 bis 100 Litern pro Sekunde aus dem Boden blubbert, ist eigentlich der Donaubach. Nach circa 100 Metern fließt dieser in die Brigach, die sich wiederum nach wenigen Metern mit der Breg vereint. Erst jetzt heißt das Ganze Donau und wird zum zweitlängsten Fluss Europas. Zehn Länder liegen auf dem Weg zum Schwarzen Meer. Deshalb ist Donaueschingen häufig Etappenziel von Reisenden aus den Anrainerstaaten. Während die Quelle in Donaueschingen ein Ort der Völkerverständigung ist, sorgt sie etliche Kilometer weiter regelmäßig für Kontroversen. Es geht um die Frage, wo die »echte« Donauquelle liegt und welches der korrekte Quellfluss ist. Insbesondere Furtwangen, auf dessen Gemarkung die Breg entspringt, reklamiert mit der Begründung, dass diese mehr Wasser führe als der Donaubach, den Titel für sich. Donaueschingen wiederum beruft sich auf den römischen Feldherrn Tiberius, der die Quelle entdeckt haben soll. Ein schriftlicher Hinweis aus dem Jahr 1292 bringt sie schließlich mit dem Ortsnamen Donaueschingen in Verbindung. Von da an gehörten Quelle und Stadt sowieso zusammen – zumindest für die Donaueschinger.

Adresse Fürstenbergstraße Höhe Schlosspark, 78166 Donaueschingen | **Anfahrt** A 81, Ausfahrt Donaueschingen, Richtung Stadtmitte, dann dem Wegweiser Schloss und Donauquelle folgen | **Tipp** Die Quelle der Breg ist am weitesten von der Mündung der Donau entfernt. Sie entspringt unterhalb des Gasthofs Kolmenhof bei Furtwangen. Unmittelbar daneben liegt die historische Martinskapelle.

28 Die Fürstlichen Sammlungen

Von waidmännischen und anderen Preziosen

Der erste Eindruck der Fürstlich Fürstenbergischen Sammlungen ist überraschend animalisch. Ein grimmig dreinblickender Keiler trabt auf den Besucher zu. Zum Glück wurde er waidmännisch ausgebremst, bevor ihn der Präparator wieder auf die Beine stellte. Daneben ein übermannsgroßer Bär, der zum Sprung ansetzt, sein Leben aber bereits 1897 anlässlich einer Jagdgesellschaft des russischen Großfürsten Wladimir Alexandrowitsch aushauchte. Die Vitrinen mit präpariertem Getier aus sämtlichen Erdteilen bilden eine Art Museum im Museum. Das grenzüberschreitende tierische Stelldichein erinnert an die Zeit der fürstlichen Raritätenkabinette. Doch das ist nur ein Aspekt der Sammlung.

Den Grundstein für das Museum legte vor rund 150 Jahren Fürst Karl Egon III. zu Fürstenberg. Die Ausstellung von Skulpturen, mittelalterlicher Malerei und naturkundlicher Objekte diente zum einen der Volksbildung und demonstrierte gleichzeitig die gesellschaftliche und kulturelle Position des Hauses Fürstenberg. Eine Fülle von Exponaten vermittelt auf 2.500 Quadratmetern einen Eindruck davon, was das Adelshaus im Laufe der Jahre alles zusammengetragen hat. Darunter ist auch das eine oder andere kuriose Stück wie zum Beispiel jene ungewöhnliche »Vase«, die auf den ersten Blick ein avantgardistisches Designexperiment vermuten lässt, sich nach Lektüre des »Beipackzettels« jedoch als Reiseurinal Napoleon Bonapartes entpuppt. Sie stammt aus der Porzellanmanufaktur Sèvres. Angesichts der Tatsache, dass das Haus Fürstenberg wegen der Napoleonischen Kriege einen Großteil seiner Souveränität an den Großherzog von Baden verloren hat, mag der Besitz eines so intimen Utensils eine gewisse Satisfaktion dargestellt haben. Das gilt auch für das Reise-Tafelsilber, das nach der Schlacht von Waterloo aus dem Wagen Napoleons erbeutet wurde und ebenfalls einen Platz in einer fürstenbergischen Vitrine fand.

Adresse Karlsplatz 7, 78166 Donaueschingen | **Anfahrt** A 81, Ausfahrt Donaueschingen, Richtung Stadtmitte, Schloss und abbiegen zum Karlsplatz | **Öffnungszeiten** April–Nov. Di–Sa 10–13 Uhr, 14–17 Uhr, So, Feiertage 10–17 Uhr; Dez.–März geschlossen | **Tipp** Sehenswert ist ferner die im böhmischen Barock erbaute Stadtkirche St. Johann in der Karlstraße neben dem Schloss. Donaueschingen ist zudem der Austragungsort eines der renommiertesten Festivals für Neue Musik. Die Donaueschinger Musiktage wurden 1921 mit fürstlicher Förderung gegründet.

29 Das Museum Art.Plus

Sehen, erleben und manchmal auch selber machen

Der Tatsache, dass die Leidenschaft für zeitgenössische Kunst und das Interesse für ein historisches Kulturzentrum zusammentrafen, verdankt Donaueschingen das Museum Art.Plus. Es liegt nur einen Katzensprung vom Schlosspark entfernt direkt an der Brigach und eröffnete 2009 in einem restaurierten Gebäude aus der Gründerzeit. Mit seinen lichtdurchfluteten Räumen und einem ebenso großzügig wie schlicht gestalteten modernen Anbau bildet das Haus eine gelungene Synthese aus Alt und Neu und steht für ein aktives Museum. Innerhalb weniger Jahre entwickelte es sich zu einer festen Adresse für Kunstinteressierte aus nah und fern.

Das Herzstück von Art.Plus ist eine hochkarätige private Sammlung moderner und zeitgenössischer Kunst unter dem Dach einer Stiftung. Werke daraus werden in großen, jährlich wechselnden Ausstellungen präsentiert und gegebenenfalls durch Leihgaben ergänzt. Schwerpunkte sind Malerei, Grafik und skulpturale Darstellung. Großformatige Plastiken finden sich auch im Außenbereich des Museums und an ausgewählten Standorten in der Stadt. Eine Besonderheit von Art.Plus ist das umfassende Engagement in Sachen Kunstvermittlung. Hierzu lassen sich die Museumsmacher immer wieder etwas Neues einfallen. Neben Führungen, Künstlergesprächen und Art Talk bieten sie unter dem Motto »Kunst sehen, erleben und selber machen« ein KinderKunstProgramm an.

Im Rahmen einer regionalen und überregionalen Vernetzung wird das Haus für andere Kunstformen geöffnet, indem beispielsweise Musik, Tanz, Performance und Film mit einbezogen werden. So bieten sich den Besuchern zahlreiche Möglichkeiten, Kunst zu erleben und sich auszutauschen. Damit knüpft das Museum sogar an die Tradition des historischen Gründerzeitgebäudes an, das ihm als Standort dient. Das Haus wurde 1841 mit Unterstützung des Fürsten Karl Egon II. für die Museumsgesellschaft gebaut und war ein Zentrum des gesellschaftlichen Lebens in Donaueschingen.

Adresse Museumsweg 1, 78166 Donaueschingen | Anfahrt A 81, Ausfahrt Donaueschingen, Richtung Stadtmitte und Schloss, der Museumsweg zweigt in der Josefstraße, direkt hinter der Brücke über die Donau, ab | Öffnungszeiten Mi–Fr 13–17 Uhr, Sa, So, Feiertage 11–17 Uhr, jeden ersten Do im Monat 13–20 Uhr | Tipp Gegenüber dem Museum Art. Plus steht an der Einmündung des Donaubachs in die Brigach ein kleiner Marmorpavillon im Stil eines antiken griechischen Tempels. Er ist ein Geschenk Kaiser Wilhelms I. an das Haus Fürstenberg.

30 Das Schloss Staufenberg

Die Geburtsstunde des Rieslings in der Ortenau

Von Rebhängen umzingelt trotzte Schloss Staufenberg auf einer Felsnase über dem traditionsreichen Weinort Durbach der Zeit und dem Wetter. Der 380 Meter hohe Bergkegel ist heute Pilgerstätte für Fernblick-Fanatiker, Sunset-Freunde und Ortenau-Fans. Auf der Schlossterrasse, die sich wie ein gewaltiger Schiffsbug in die Landschaft schiebt, kommen sie alle bei einem Glas Riesling auf ihre Kosten. Kurzum, imposanter könnte sich ein Schloss unter der im Wind knatternden badischen Flagge kaum präsentieren.

Ursprünglich war das Schloss eine Burg. Im 11. Jahrhundert wurde sie von den Zähringern erbaut. Und wie es sich für solche Projekte gehörte, die eher Wehr- als Wellnesszwecken dienen sollten, wählte man als Bauplatz eine strategische Premiumlage. Diese gab der Burg auch gleich ihren Namen: Staufenberg bedeutet Kegelberg, ein »stauf« ist im Althochdeutschen so viel wie ein Kelch oder ein Kegel. Nach den Zähringern wechselten sich verschiedene Adelsgeschlechter als Burgherren ab. Im Dreißigjährigen Krieg hielt das Gemäuer den Angriffen mit einigen Blessuren stand, ebenso im Pfälzischen Erbfolgekrieg, als die Anlage 1689 von französischen Marodeuren geplündert wurde. Wenig später kaufte der Markgraf Ludwig Wilhelm von Baden das Anwesen, und ab 1832 wurde die Burg entsprechend dem Geschmack der Zeit zu einem romantischen Schloss umgebaut.

Dass Schloss Staufenberg heute inmitten von Weinbergen liegt, ist dem Markgrafen Karl Friedrich von Baden (1728–1811) zu verdanken, dem Ahnen des heutigen Schlossherrn. Karl Friedrich war nicht nur ein Reformer, der Leibeigenschaft und Folter abschaffte, sondern auch ein begnadeter Weinkenner und -liebhaber. Er initiierte eine wahre Qualitätsoffensive des Weinbaus in Baden. Im Markgräflerland ließ er die Gutedelrebe anpflanzen, und auf dem Klingelberg rund um sein Anwesen bei Durbach begründete er die Riesling-Tradition der Ortenau.

Adresse Schloss Staufenberg 1, 77770 Durbach | Anfahrt A 5, Ausfahrt Appenweier, über die B 28 und die B 3 nach Durbach | Öffnungszeiten April–Okt. Mo–So 11 Uhr bis Sonnenuntergang; Nov.–März Do–So 11–18 Uhr | Tipp Das Museum für Aktuelle Kunst – Sammlung Hurrle in Durbach, Almstraße 49, präsentiert unter anderem Künstler des Dreiländerecks am Oberrhein (Mi–Fr 14–18 Uhr, Sa, So, Feiertage 11–18 Uhr).

31 Die Burgruine Hochburg

Hier staunten schon die Dichterfürsten

Wie ein Wachposten erhebt sich die sagenumwobene Hochburg bei Emmendingen zwischen Schwarzwald und Rheinebene. Wehrhaft ragen die Mauerreste mit ihren gähnenden Fensterlöchern in die Landschaft. Wer hier Ausschau hielt, dem entging vermutlich nichts. Die größte Burgruine Südbadens war eine der bedeutendsten Festungsanlagen weit und breit.

Natürlich geht es steil bergan. Drei Befestigungsringe sind zu überwinden. Sie entsprechen den verschiedenen Ausbaustufen der Burg. Vom Mittelalter bis spät ins 17. Jahrhundert wurde sie kontinuierlich dem neuesten Stand der Wehrtechnik angepasst. Es geht durch Toranlagen, Festungsgraben, Zwinger. Wer es bis hinauf zum ältesten Teil der Burg geschafft hat, wird mit einer großartigen Aussicht belohnt. Ins Schwärmen gerieten hier bereits die Dichterfürsten Goethe und Lenz, als sie anlässlich eines Besuchs bei Goethes Schwester Cornelia in Emmendingen die Ruine erwanderten. Nach wie vor sind die ineinander verschachtelten Innenhöfe beliebtes Ausflugsziel, und für die jungen Gefolgsleute von Ritter Rost ist ein Picknick zwischen Bergfried, Wehrturm und Kasematten ein wunderbares Echtzeit-Erlebnis.

Die Anfänge der Hochburg liegen weitgehend im Dunkeln. Ein Standbild Markgraf Karls II. von Baden-Durlach (1529–1577) in der Kirche von Emmendingen verweist auf einen gewissen Hacho, der 808 die Anlage errichtet haben soll. Er gilt als Namensgeber. Die Hochburg war die Burg des Hacho. Gesichert ist, dass Heinrich I. von Baden-Hachberg (1190–1231) die Anlage zu seinem Herrschaftssitz ausbaute. Fest steht auch, dass es hier zeitweise ziemlich eng zugegangen sein muss, denn in der Burg lebten mehrere hundert Soldaten mit ihren Familien. Um die Versorgung sicherzustellen, wurde am Fuß des Burgbergs ein Meierhof gegründet. Im Pfälzer Erbfolgekrieg besiegelten 1688 die Truppen des französischen Königs Ludwig XIV. das Ende der Hochburg.

Adresse Panoramastraße, 79312 Emmendingen | **Anfahrt** A 5, Ausfahrt Teningen, über Emmendingen, Windenreute zur Hochburg | **Tipp** Im Burgmuseum sind zahlreiche archäologische Funde der Burg zu besichtigen. Öffnungszeiten unter www.hochburg.de. Im ehemaligen Meierhof befindet sich ein Modellbetrieb für ökologischen Landbau mit eigenem Hofladen.

32 Das Deutsche Tagebucharchiv

Ein ganzes Leben im Koffer auf dem Speicher

Jahrelang schlummerte der Koffer unter einer dicken Staubschicht auf einem Dachboden. Bis er schließlich auf einem Berliner Flohmarkt für fünf Euro über den Tisch ging. Der Inhalt erwies sich als eine kleine Sensation. Es waren die Tagebücher einer Tänzerin, die es im Berlin der 1930er Jahre zu einiger Berühmtheit gebracht hatte. Ein ganzes Leben im Koffer. Wenn solche Schätze nicht im Altpapier, sondern im Deutschen Tagebucharchiv in Emmendingen landen, dann ist das ein Glücksfall. Denn über Menschen, die Tagebuch schreiben, wird Geschichte hier wieder lebendig.

Rund 18.000 Dokumente, darunter 13.000 Tagebücher sowie Briefsammlungen und Erinnerungen, wurden seit 1998 gesammelt, gesichtet und katalogisiert. Es sind authentische und zum Teil tief berührende Zeitzeugnisse. Das älteste Tagebuch stammt von einem Feldprediger, der mit Soldaten auf dem Weg nach Thüringen war und seine Aufzeichnungen in einen Almanach aus dem Jahr 1760 eintrug. Nach Emmendingen gelangen die Dokumente meist über Angehörige, die verhindern möchten, dass diese Lebenserinnerungen in Vergessenheit geraten. Verpackung und Format sind oft exotisch. Ein Tagebuch war etwa in einem Essgeschirr aus dem Zweiten Weltkrieg versteckt, ein anderes wurde mit winziger Schrift auf Toilettenpapier geschrieben. Hochinteressant sind auch die Notizen einer Zugsekretärin, die in den 1950er Jahren ihre Dienste im Schreibabteil von Fernzügen anbot.

Bei der Auswahl der Dokumente spielt der autobiografische Charakter die entscheidende Rolle. Doch zunächst muss erst einmal alles entziffert werden, und hierfür müssen die ehrenamtlichen Mitarbeiter auch in Steno oder Kurrentschrift fit sein. Zum Tagebucharchiv gehört ein kleines Museum, in dem zu wechselnden Schwerpunktthemen besondere Exponate präsentiert werden, zum Beispiel zum Ersten Weltkrieg oder zum Bild der Familie in Tagebüchern und Briefen.

Adresse Marktplatz 1, 79312 Emmendingen | **Anfahrt** A 5, Ausfahrt Teningen, B 3 bis Emmendingen, Parkhaus Merk Galerie, Freiburger Straße | **Öffnungszeiten** Anmeldung zu Führungen durch das Archiv unter www.tagebucharchiv.de, Öffnungszeiten Museum Di–Do 14–16 Uhr | **Tipp** Die Stadtgeschichte wird im Museum im Markgrafenschloss beleuchtet. Der Renaissancebau mit seinem markanten Treppenturm war Amtssitz der Markgrafschaft Hachberg. Geöffnet Mittwoch bis Sonntag 14 bis 17 Uhr.

33 Das Jüdische Museum

Spurensuche nach dem Gemeindeleben von einst

In einem liebevoll angelegten Garten am Rande des Emmendinger Schlossplatzes liegt ein kleines Fachwerkhaus. Es beherbergt das sorgfältig ausgestattete Jüdische Museum, das 1997 aus bürgerschaftlichem Engagement heraus entstand. Gezeigt werden Exponate, die das Kultus- und Alltagsleben sowie die religiösen Feste veranschaulichen. Im Mittelpunkt steht dabei die Spurensuche nach der einst in Emmendingen so lebendigen Israelitischen Gemeinde von 1760 bis zu ihrer Zerstörung durch die Nationalsozialisten 1940.

Träger ist der Verein für jüdische Geschichte und Kultur in Emmendingen, der sich zum Ziel gesetzt hat, das Museum zu einem lebendigen Ort des Erinnerns und Gedenkens, des Lernens und der Begegnung zu machen. Hierzu finden zahlreiche Veranstaltungen, thematische Führungen, Fortbildungen und pädagogische Angebote statt. Rund 2.000 Besucher pro Jahr werden gezählt, darunter auch viele Schulklassen.

Einst stand das zwischen 1837 und 1843 erbaute Fachwerkhaus direkt neben der Synagoge, deren Umrisse mit schwarzen Steinen auf dem Schlossplatz kenntlich gemacht sind. Es war die Wohnung des Synagogendieners und seiner Familie. Die kulturgeschichtliche Bedeutung des Hauses beruht nicht zuletzt auf der im Untergeschoss gelegenen denkmalgeschützten Mikwe. Ein solches Tauchbad für die rituelle Reinigung gehört zu jeder jüdischen Gemeinde und ist Grundlage religiösen Lebens. Die Mikwe von Emmendingen war nach dem Krieg für viele Jahre in Vergessenheit geraten. Erst 1988 wurde sie wiederentdeckt und anschließend mit Bedacht renoviert. Heute ist sie für interessierte Besucher geöffnet. Sechs Steinstufen führen in das rechteckige Tauchbecken, dessen Boden eine massive Sandsteinplatte bildet. Obwohl die Mikwe direkt neben dem Mühlbach liegt, wird sie von Grundwasser gespeist. Im Vorraum informiert eine Dauerausstellung über die Bedeutung jüdischer Ritualbäder.

Adresse Schlossplatz 7, 79321 Emmendingen | Anfahrt A 5, Ausfahrt Teningen, Richtung Emmendingen, parken beim Bahnhof | Öffnungszeiten Mi, So 14–17 Uhr, Führungen unter www.juedisches-museum-emmendingen.de | Tipp Der alte jüdische Friedhof befindet sich neben der Markgrafenschule an der Hermann-Günth-Straße Ecke Haselmattenstraße. Der 1899 eröffnete neue jüdische Friedhof liegt neben dem Bergfriedhof.

34 Die Barockstadt Ettenheim

Auferstanden aus Ruinen

Die historische Altstadt von Ettenheim könnte einem Bilderbuch entsprungen sein. Weniger beschaulich ging es hier zu, als die Stadt noch ein strategisch wichtiger Stützpunkt des Bistums Straßburg war. Die französischen Fürstbischöfe brachten zwar Prunk und Glanz, aber auch Krieg und Zerstörung. Dafür, dass sich Ettenheim heute Barockstadt nennen kann, zahlten die Einwohner einst einen hohen Preis. Die Stadt ist buchstäblich auferstanden aus Ruinen, bevor sie sich zum Schmuckstück mauserte.

Die Pechsträhne begann im Dreißigjährigen Krieg. Als Söldnerheere die Rheinebene heimsuchten, zeigte sich, wie wenig die mittelalterliche Befestigung Ettenheims taugte. 1637 eroberten die Schweden die Stadt und brannten sie derart gründlich nieder, dass sie lange Zeit verwüstet und nahezu entvölkert blieb. Erst als Anfang des 18. Jahrhunderts wieder ruhigere Zeiten am Oberrhein einkehrten, erinnerten sich die Straßburger Bischöfe an ihre kleine, geschundene Dependance. Sie deklarierten Ettenheim zur Nebenresidenz und forcierten den Wiederaufbau. Nun hielt der Barock Einzug in die Stadt, jener prächtig bis überladene Baustil, der damals groß in Mode war.

Das Entree zum historischen Stadtensemble bildet heute das Untere Tor, ursprünglich ein Vortor des im 19. Jahrhundert abgerissenen Turmes. Von hier aus gelangt man in eine barocke Altstadt, die jederzeit als Filmkulisse für einen Historienfilm herhalten könnte: Fachwerkbauten, Stadthäuser mit prächtig verzierten Fassaden, filigrane Brunnen und Kreuze. Im Zentrum das wuchtige Rathaus, dessen Giebel von einem kessen Dachreiter und einem Storchennest geziert wird. Über allem erhebt sich wie eine Visitenkarte des Barock die Stadtkirche St. Bartholomäus des Baumeisters Franz Joseph Salzmann. Im Chorraum ist das Grab von Kardinal Rohan zu besichtigen, der von 1790 bis zu seinem Tod 1803 in Ettenheim residierte.

Adresse 77955 Ettenheim | **Anfahrt** A 5, Ausfahrt Ettenheim, dann Richtung Stadtmitte, ein größerer Parkplatz befindet sich an der Alleestraße | **Öffnungszeiten** Führungen von Mai – Sept., Flyer zum Barock-Rundweg unter www.ettenheim.de | **Tipp** Mit historischen Gartenhäuschen der Marke »lauschig bis verwunschen« ist Ettenheim gesegnet. Besonders schöne Exemplare sind in der Rohanstraße 20 und an der Straße Im Pfaffenbach zu entdecken.

35_Das Palais Rohan

Cardinal Collier im Exil

Eigentlich sollte es nur ein kurzes Intermezzo sein. Nachdem sich der Kardinal und Fürstbischof von Straßburg, Louis René Édouard de Rohan-Guéméné, am 13. Juli 1790 vor den Häschern der Französischen Revolution in die rechtsrheinischen Besitztümer seiner Diözese gerettet hatte, richtete er sich erst einmal provisorisch im Ettenheimer Amtshaus ein. Dann machte er sich daran, die Gegenrevolution zu unterstützen. Doch wie es so ist mit Provisorien, manchmal sind sie dauerhafter, als man glaubt. Das musste auch Rohan einsehen. Er starb am 16. Februar 1803 im zweiten Stock seiner Ettenheimer Residenz, krank und hoch verschuldet, ohne seinen Fuß je wieder auf französischen Boden gesetzt zu haben.

Das Palais Rohan stammt aus dem 16. Jahrhundert und ist eines der ältesten Gebäude der Stadt. Der ebenso illustre wie skandalumwitterte Bewohner ist noch heute überall in Ettenheim präsent. Sei es als Name für eine Straße, ein Café oder eine Apotheke. Dabei gab es Zeiten, da wollte niemand mehr etwas mit dem Fürstabt von Straßburg zu tun haben. Rohan war nämlich gleich mehrmals in Ungnade gefallen, was stets damit zu tun hatte, dass er in Sachen Diplomatie zwei linke Hände hatte. In jungen Jahren weilte er als französischer Botschafter am Hof Maria Theresias in Wien. In einem durch Indiskretion bekannt gewordenen Brief schilderte er die Kaiserin als ländergierige Regentin, die Tränen als Verhandlungstaktik einsetzte. Das kam bei Hofe überhaupt nicht gut an, und Rohan wurde nach Paris zurückbeordert. Als noch größerer Missgriff erwies sich sein zwielichtiges Engagement bei der Beschaffung eines millionenschweren Colliers für die französische Königin Marie-Antoinette. Dabei verhedderte er sich in einer handfesten Intrige seiner Widersacher bei Hof. Die Sache endete als Skandal und ging als Halsbandaffäre in die Geschichtsbücher ein. Dem Kardinal hätte das Abenteuer beinahe Kopf und Kragen gekostet. Sein Spottname war fortan »Cardinal Collier«.

Adresse Rohanstraße 17, 77955 Ettenheim | **Anfahrt** A 5, Ausfahrt Ettenheim, dann Richtung Stadtmitte, ein größerer Parkplatz befindet sich an der Alleestraße | **Tipp** Eine originalgetreue Nachbildung des berüchtigten Corpus Delicti der Halsbandaffäre ist im Stadtmuseum von Ettenheim zu besichtigen. Das Ölporträt des Kardinals hängt im Bürgersaal des Rathauses, und ein wertvoller Gobelin Rohans ist im Sitzungssaal zu bewundern.

36_Der Prinzengarten

Lovestory zwischen Intrigen, Buchs und Blüten

Kess rosa leuchtet der barocke Pavillon zwischen Buchs und Blüten. Die bukolisch-prächtige Szenerie hinter der dicken Sandsteinmauer war einst Schauplatz einer herzergreifenden Liebesgeschichte, die leider sehr traurig endete. Hier traf der 20 Jahre junge Louis Antoine Henri de Bourbon-Condé, Herzog von Enghien, seine große Liebe Charlotte de Rohan-Rochefort. Wie so viele Adlige war er auf der Flucht vor der Französischen Revolution in Ettenheim gestrandet und fand bei der Adelsfamilie von Ichtratzheim Unterschlupf. Charlotte war die Nichte von Kardinal Rohan, der sich nach dem Verlust seines Straßburger Bischofssitzes ebenfalls im badischen Ettenheim in Sicherheit gebracht hatte.

In dem damals am Stadtrand gelegenen Garten des Prinzen erfreute sich das Paar – zuweilen auch gärtnernd – der Zweisamkeit. Das fragile Glück endete jäh, als im Morgengrauen des 15. März 1804 Soldaten auf Befehl von Napoleons Polizeiminister Joseph Fouché das Ichtratzheimer Haus umstellten, den Prinzen aus dem Schlaf rissen und nach Frankreich entführten. Nach einem Scheinprozess wurde er als vermeintlicher Verschwörer am 21. März in Vincennes hingerichtet. Bonaparte wollte mit dieser Aktion, die ganz Europa schockierte, potenzielle Gegner abschrecken. So wurde der politisch unbedeutende junge Prinz zum Bauernopfer. Der Justizskandal ging in die Geschichte ein. Charlotte hatte alles versucht, ihren Geliebten zu retten, doch vergebens. Sie lebte noch einige Jahre in dem Fachwerkhaus am Nepomukbrunnen in Ettenheim. Dann zog sie nach Paris. Ihren Geliebten überlebte sie um 37 Jahre.

Der Prinzengarten ist heute ein wunderbar idyllisches Refugium für jedermann und lauschiger Veranstaltungsort. Er steht unter Denkmalschutz und wurde in Anlehnung an seine barocke Tradition neu gestaltet. Der Küchengarten, die Obstbäume und das Wäldchen wären vermutlich ganz nach dem Geschmack des Prinzen.

Adresse Bienlestraße Ecke Freiburger Straße, 77955 Ettenheim | **Anfahrt** A 5, Ausfahrt Ettenheim, auf der L 103 Richtung Ettenheim, dann in die Rheinstraße abbiegen und an der ersten Ampel in die Bienlestraße fahren | **Öffnungszeiten** April–Sept. 8–20 Uhr, Okt.–März 8–18 Uhr | **Tipp** Das Ichtratzheim'sche Haus in der Rohanstraße 21 war das Domizil des Prinzen von Enghien. Hier spielten sich bei der Entführung dramatische Szenen ab. Eine Gedenktafel verweist auf den berühmten Bewohner.

37 Die Silbermann-Orgel

Neue Heimat für ein barockes Klangwunder

Manchmal im Winter, wenn eine hauchdünne Neuschneedecke den Boden bedeckt, sind plötzlich, wie von Geisterhand gezeichnet, die Umrisse des zerstörten Klosters Ettenheimmünster zu erkennen. Was wie ein Wunder wirkt, ist ein physikalisches Phänomen. Der Schnee bleibt auf den kalten Steinen länger liegen, während er auf der Erde schnell wegtaut. So wird sichtbar, welche Dimensionen die ehemalige Benediktinerabtei hatte, von der heute nur noch ein Stück Mauer übrig ist. Kriege, Feuersbrünste, Plünderungen hat das Kloster überstanden, nicht aber die Säkularisation 1803. Die Mönche wurden vertrieben, die Gebäude nach und nach zerstört. Dass einige Schätze gerettet werden konnten, war nicht selbstverständlich. Als besonders wertvoll gilt die Orgel von Johann Andreas Silbermann. Das barocke Klangwunder, das der berühmte Straßburger Orgelbauer 1769 für die Klosterkirche geschaffen hatte, steht heute in der Wallfahrtskirche St. Landelin. Zu den festlichen Konzerten kommen Besucher aus der gesamten Region nach Ettenheimmünster.

Die Rettung ist dem damaligen Stadtpfarrer zu verdanken. Geistesgegenwärtig wandte er sich nach der Auflösung des Klosters an den neuen Eigentümer, den Markgrafen von Baden, beziehungsweise an dessen Kommissär. Es gelang ihm, die Silbermann-Orgel zu sichern, obwohl bereits andere Interessenten ihre Fühler nach dem kostbaren Stück ausgestreckt hatten. 1804 wurde die Orgel in der Wallfahrtskirche aufgebaut. Die davor angebrachte Orgelbrüstung stellt ein weiteres Meisterwerk dar. Die unglaublich filigrane Schnitzerei stammt von Aegidius Butsch, der als Mönch im ehemaligen Kloster gelebt hatte und auch der Schöpfer zahlreicher weiterer Kunstwerke in der Kirche ist. Dazu zählten unter anderem der Hochaltar und die Seitenaltäre, die ebenfalls aus der ehemaligen Klosterkirche nach St. Landelin in Sicherheit gebracht werden konnten.

Adresse Münstertalstraße 26, 77955 Ettenheim-Ettenheimmünster | **Anfahrt** B 3 bis Kippenheim, dann über Schmieheim, Wallburg und Münchweier nach Ettenheimmünster und immer geradeaus auf der Münstertalstraße bis zur Kirche St. Landelin | **Tipp** Nach der Legende hatte der irisch-schottische Mönch Landelin eine einschläfernde Wirkung auf Jagdhunde, weshalb der Missionar von wütenden Jägern erschlagen wurde. Am Tatort entsprang alsbald eine wunderwirkende Quelle, die heute neben dem Eingang der Kirche St. Landelin sprudelt. Tagsüber herrscht hier reger Andrang von Besuchern, die ihre Wasserkanister füllen.

38 Der Feldbergturm

Vom Schandfleck zum Wahrzeichen

Zähneknirschend musste die Gemeinde Feldberg auf dem Höhepunkt des Kalten Krieges hinnehmen, dass die Alliierten auf dem mit 1.493 Metern höchsten Berg von Baden-Württemberg eine ganze Batterie von Radarstationen errichteten. Die Franzosen lauschten hier, die Amerikaner und die NATO ebenso. Als dann 1955 auch noch der Südwestfunk einen 45 Meter hohen Fernsehturm auf dem Seebuck, mitten im Naturschutzgebiet Feldberg, hochziehen wollte, hagelte es Proteste. Denn es war klar, dass dieses weithin sichtbare Ungetüm das Aussehen des Berges nachhaltig verändern würde. Es gab Gutachten und Gegengutachten, und schließlich sprach das Regierungspräsidium im Sinne des Gemeinwohls ein Machtwort. Der Turm wurde gebaut. In der windumtosten Lage knapp unter dem Gipfel war das nicht einfach. Eine 80 Zentimeter dicke Backsteinmauer war nötig, und die UKW-Antenne musste so konstruiert werden, dass sie einer Eislast von 20 Tonnen trotzen konnte.

Bis 2003 versorgte der Turm Südbaden mit Fernsehprogrammen. Dann wurde er zugunsten einer moderneren Anlage auf dem Gipfel einige hundert Meter weiter stillgelegt. Und nun geschah ein kleines Wunder. Die Feldberger hatten sich inzwischen so an den einst ungeliebten Turm gewöhnt, dass sie ihn zu ihrem Wahrzeichen erkoren. Er prägt sogar das Logo der Gemeinde und ist das höchstgelegene Kulturdenkmal im Ländle. Man kann ihn nicht nur besichtigen, sondern im elften Stock sogar heiraten. Die Aussichtsplattform bietet bei klarem Wetter eine großartige Rundumsicht von den Schweizer Alpen bis zur Zugspitze, vom Mont Blanc bis zu den Vogesen. An die militärische Vergangenheit erinnert der Weg, der zum Feldbergturm führt. Er heißt zwar auf der Karte Franz-Klarmeyer-Weg, wird im Volksmund aber NATO-Sträßle genannt. Ein tragischer Unfall ereignete sich 1984. Direkt neben dem Turm stürzte ein NATO-Kampfjet ab, die Insassen kamen ums Leben.

Adresse Franz-Klarmeyer-Weg, 79868 Feldberg | **Anfahrt** B 317 bis Feldberg Seebuck, parken nur im Parkhaus, zum Feldbergturm 30 Minuten Fußweg oder per Sessellift | **Öffnungszeiten** Mai, Juni, Okt., Nov. Mo–So 9–16.30 Uhr, Juli, Aug., Sept. Mo–So 9–17 Uhr | **Tipp** Im Feldbergturm ist auch das Schinkenmuseum untergebracht, das über die Tradition und die Herstellung dieser Schwarzwälder Spezialität informiert.

39_Die Spitalkapelle

Ein Chor zwischen Wald und Wiese

Die Straße von Sexau nach Freiamt schlängelt sich durch ein einsames Hochtal. Schwarzwaldidylle im Hinterland von Emmendingen. Umso größer ist das Staunen, wenn aus dem grünen Nichts plötzlich eine bizarre Kirche auftaucht. Was da auf der Wiese steht, ist keine Feldkapelle, sondern ein stolzer, wenn auch vom Zahn der Zeit stark angenagter Sakralbau im gotischen Stil. Es handelt sich um den Chor der Spitalkapelle, dem letzten Rest des einst so reichen Tennenbacher Klosters. Die um 1158 gegründete Zisterzienserabtei gehörte rund 300 Jahre zu den bedeutenden Klöstern im Südwesten und hatte nicht zuletzt wegen ihres stattlichen Grundbesitzes auch politisches Gewicht.

Weder von den Bauernkriegen noch vom Dreißigjährigen Krieg blieb die Abtei verschont. Sie wurde geplündert, niedergebrannt und wiederaufgebaut und im Rahmen der Säkularisation 1806 schließlich ganz aufgelöst. Die beachtlichen Schätze im Wert von 550.000 Gulden fielen an das Großherzogtum Baden. Während der Napoleonischen Kriege diente das Kloster als Lazarett. Als eine Epidemie ausbrach, starben hier über 1.500 Soldaten. Ein Denkmal im Wald erinnert noch heute an das Massengrab, in dem die meisten bestattet sind. Ab 1829 wurde die Anlage nach und nach abgerissen. So manches Haus und so manche Scheune in der Umgebung dürften mit Steinen des Klosters Tennenbach errichtet sein.

Dass die Spitalkapelle, eine Marienkapelle, stehen blieb, grenzt an ein Wunder. Ihre gotische Anmutung erhielt sie wahrscheinlich um 1240. Auf den behauenen Sandsteinquadern der Außenwände kann man noch Steinmetzsignaturen erkennen, die auch am Freiburger Münster zu finden sind. Die Innenausstattung der Kapelle ist von schlichter Schönheit. Um sie zu besichtigen, muss man den Schlüssel im Gasthaus Zum Engel abholen, das etwa 500 Meter weiter auf der anderen Straßenseite liegt und einst ein Ökonomiegebäude des Klosters war.

Adresse Tennenbach 1, 79348 Freiamt-Tennenbach | Anfahrt von Emmendingen auf der L 186 nach Sexau, dann Richtung Freiamt-Tennenbach, auf halber Strecke liegt die Tennenbacher Kapelle | Öffnungszeiten Schlüssel im Gasthaus Zum Engel auf der gegenüberliegenden Straßenseite | Tipp Der Marienaltar, der einst im Chor der Tennenbacher Kapelle stand, ist heute im Augustinermuseum in Freiburg zu besichtigen.

40 Das Augustinermuseum

Wo sich Kunst und Raum treffen

Superlative sollten ja bekanntlich vorsichtig eingesetzt werden. Beim Augustinermuseum, das 1278 erstmals erwähnte Eremitenkloster des Augustinerordens, fällt das schwer. Denn die Wandlung, die das vor Jahren so unwirtliche Haus erfahren hat, ist beeindruckend. Unter der Regie des Architekten Christoph Mäckler entstand ein Raum- und Kunsterlebnis, das in der Region seinesgleichen sucht. Mit dem Ende des vierten Bauabschnitts 2020 präsentiert sich der Gesamtkomplex als eines der bedeutendsten kunsthistorischen Museen Süddeutschlands. Es beherbergt eine ebenso reichhaltige wie renommierte Kunstsammlung vom Mittelalter bis zum Barock.

Ein überwältigender Blickfang erwartet den Besucher gleichsam als Begrüßung und Einstimmung in der ehemaligen Klosterkirche, die Mäckler in eine fast zwölf Meter hohe Skulpturenhalle verwandelte. Mittelalterliche Tafelbilder, ausdrucksstarke Holzskulpturen, in luftiger Höhe Original-Wasserspeier vom Freiburger Münster und als weitere Attraktion der Prophetenzyklus aus monumentalen Sandsteinfiguren, die sich einst ebenfalls am Münster befanden. Barocke Pracht ist im Chor der ehemaligen Kirche zu bewundern. Prunkstück ist hier eine rund 300 Jahre alte Welte-Orgel, die bei Konzerten noch bespielt wird. In einem eigenen Bereich leuchtet sakrale Glasmalerei, darunter die einzigartigen Dominikanerfenster aus der längst verschwundenen Klosterkirche.

Rund 70.000 Blatt umfasst der Fundus der grafischen Sammlung, darunter Holzschnitte von Hans Baldung Grien, Dürer und Holbein. Das Haus der Graphischen Sammlung bietet optimale Bedingungen für diese Preziosen. Der 2016 eröffnete Neubau fügt sich optimal in das historische Stadtbild mit seinen verwinkelten Gassen und Gässchen ein. Er verbindet die ehemalige Klosterkirche mit dem Konventgebäude, das der Kunst und Alltagskultur zwischen Schwarzwald und Rhein vorbehalten sein wird. Zu den Höhepunkten zählt hier die Schatzkammer.

Adresse Augustinerplatz, 79198 Freiburg, www.freiburg.de/museen | **ÖPNV** Straßenbahn 1, Haltestelle Oberlinden | **Öffnungszeiten** Di–So 10–17 Uhr, Veranstaltungen zu besonderen Schwerpunktthemen unter www.freiburg.de/museen | **Tipp** Wer noch weiter in der Geschichte des Schwarzwaldes zurückgehen möchte, dem sei ein Besuch im Colombischlössle am Rotteckring in Freiburg empfohlen. Die archäologische Ausstellung zeigt eindrucksvolle Funde aus der Steinzeit.

41 Die Glasmalereien im Münster

Bildergeschichten statt Latein

Die zwischen dem 13. und dem 16. Jahrhundert entstandenen kunstvollen Glasmalereien der Fenster im Freiburger Münster schaffen nicht nur eine besondere Atmosphäre. Sie verraten auch einiges über die Bewohner der Stadt, ihre Zeit und das Verhältnis zu ihrer Kirche. Das Mäzenatentum spielt seit Jahrhunderten in Freiburg eine Rolle. Viele Glasfenster sind wohlhabenden Bürgern zu verdanken. Sie wurden gestiftet, um die Frömmigkeit des Spenders zum Ausdruck zu bringen, und setzten diesem zugleich ein Denkmal.

Berühmt sind die sogenannten Innungsfenster der Handwerkerzünfte. Die Stifter sind an den jeweiligen Wappen zu erkennen. Brezeln und Brote verweisen auf die Bäcker, eine Schere auf die Schneider, Stiefel auf die Schuster. Die Glasfenster bestehen aus komplexen Bildergeschichten, die den Gottesdienstbesuchern, welche die lateinischen Predigten nicht verstanden, zur Erbauung und geistigen und religiösen Bildung dienten. Die Glasmalereien erzählen Heiligenlegenden und schmücken den Leidensweg und die Erlösung der Märtyrer kunst- und lustvoll aus.

Eine für Freiburg besonders interessante Geschichte zeigt das Tulenhauptfenster auf der Südseite des Langhauses. Es ist nach seinen Stiftern Franz und Adelheid Tulenhaupt benannt, die an der Grube »Dieselmuot« auf dem Schauinsland beteiligt waren. Die zwischen 1320 und 1330 entstandenen Glasmalereien geben Aufschluss über den Silberbergbau, dem die Stadt ihren Reichtum zu verdanken hatte. Man bekommt eine Vorstellung vom Tagwerk der Bergleute, von ihren Werkzeugen und sogar von ihrer Kleidung. Auf den Bildsockeln ist zu sehen, wie die Bergmänner im engen Stollen knien, mit einem Pickel den Fels bearbeiten und die Steine im Transportkorb aus dem Schacht ziehen. So dokumentiert das Fenster zugleich die Arbeits- und Fördermethoden im Freiburger Silberbergbau.

Adresse Münsterplatz, 79098 Freiburg | **ÖPNV** Straßenbahnlinien 1, 3 und 5, Haltestelle Bertoldsbrunnen | **Öffnungszeiten** Mo – Sa 10 – 17 Uhr, So, Feiertage 13 – 19 Uhr | **Tipp** Das berühmte Kaiserfenster und Glasmalereien aus den Chorkapellen des Münsters sind im Augustinermuseum zu besichtigen.

42 Das Historische Kaufhaus

Gute Stube in Gold und Ochsenblut

Wie sich die Zeiten doch ändern. 1876 reiste der deutsche Kaiser Wilhelm I. mit großem Gefolge nach Freiburg, um ein Denkmal einzuweihen, das an den Sieg Deutschlands über Frankreich im Krieg von 1870/71 erinnern sollte. Im repräsentativen Saal des Kaufhauses am Münsterplatz gab der hohe Besuch einen festlichen Empfang. Um der Erinnerung an diesen großen Tag Nachhaltigkeit zu verleihen, wurde der Ort der majestätischen Stippvisite Kaisersaal genannt. Dass sich hier genau 125 Jahre später die Staatsoberhäupter der vermeintlichen Erbfeinde, Jacques Chirac und Gerhard Schröder, trafen, um einmal mehr die deutsch-französische Freundschaft zu feiern, hätte sich Kaiser Wilhelm wohl nicht träumen lassen.

Das Historische Kaufhaus im Herzen Freiburgs mit seinen Arkaden und den Erkern ist mehr als ein Postkartenmotiv. Die Geschichte des markanten ochsenblutfarbenen Gebäudes steht in enger Verbindung mit der Entwicklung der Stadt, und einige Male wurde in seinen Mauern sogar Geschichte geschrieben. Zum Beispiel von 1947 bis 1952, als das Historische Kaufhaus Sitz des Badischen Landtags war. Natürlich tagte dieser im Kaisersaal.

Erbaut wurde das Schmuckstück aus ziemlich profanem Grund. Als sich Freiburg im 14. Jahrhundert zur aufstrebenden Handelsmetropole im Breisgau entwickelte, brauchte man einen Ort, an dem der Warenumschlag so kontrolliert abgewickelt werden konnte, dass der Stadt keine Zolleinnahmen verloren gingen. Also wurde ein zentrales Warenlager gebaut, in dem auch gleich die Zollabfertigung untergebracht war. Zudem hatten auswärtige Kaufleute, die ihre Waren in Freiburg feilbieten wollten, hier ihren Sitz. Heute ist das Historische Kaufhaus die gute Stube der Stadt und Adresse für besondere Veranstaltungen. Neben dem Kaisersaal bietet es einen Rokokosaal und ein Kaminzimmer sowie einen 300 Quadratmeter großen überdachten Innenhof.

Adresse Münsterplatz 24, 79098 Freiburg | ÖPNV Straßenbahnlinien 1, 3 und 5, Haltestelle Bertoldsbrunnen | Öffnungszeiten bei öffentlichen Veranstaltungen zugänglich und zu besichtigen; Termine unter www.historischeskaufhaus.freiburg.de | Tipp Die Alte Wache bildet einen stimmungsvollen Schlusspunkt des Münsterplatzes. In dem 1733 errichteten Gebäude war einst die Wachgarnision des vorderösterreichischen Militärs stationiert. 1997 mutierte es zum Haus des Badischen Weins, in dem Süffiges aus der Region auf durstige Genießer trifft.

43 Das Münster

Höhenflüge mittelalterlicher Baukunst

In der Freiburger Innenstadt findet sich kaum ein Ort, an dem nicht zumindest die Spitze des Münsterturms zwischen Gassen und Dächern hervorlugt. Die einmalige gotische Kathedrale ist gleichsam der Nabel der Stadt. Magnet für Touristen und Einheimische. Selbst beim x-ten Besuch entdeckt man Neues, denn der Reichtum an mittelalterlichen Kulturschätzen lässt sich auf den ersten Blick kaum erfassen: Altäre, Skulpturen, Glasmalereien, Arkadenbögen mit feingliedrigen Kapitellen, Maßwerkfenster und natürlich der 116 Meter hohe Turm. Seine Spitze besteht aus einem vollständig durchbrochenen Steinhelm und war seinerzeit eine Sensation.

Die über 300 Jahre Bauzeit stellen so manches neuzeitliche Großprojekt in den Schatten. Wenn man dann noch bedenkt, dass die Baupläne mehrmals geändert wurden, weil die Baumeister und die Baustile wechselten, und zudem oft jahrelanger Baustopp herrschte, dann wird die architektonische Leistung erst richtig klar. Konzipiert wurde das Münster Anfang des 13. Jahrhunderts im romanischen Stil als Grabeskirche der Herzöge von Zähringen, denen die Stadt Freiburg damals gehörte. Zu den ältesten noch heute sichtbaren spätromanischen Bauabschnitten gehören die Hahnentürme rechts und links des Chors. An ihnen ist auch der Wechsel von der Romanik zur Gotik zu erkennen, denn sie erhielten im 14. Jahrhundert einen gotischen Aufbau mit durchbrochener Turmspitze und goldenen Wetterhähnen.

Die folgenden Jahrhunderte sind gekennzeichnet von wahren Höhenflügen der Baukunst: Portale, Fenster mit verschlungenem Maßwerk, Figurenbaldachine, ein spätgotischer, kathedralhaft aufstrebender Chor, umgeben von einem Kapellenkranz. Wann das Münster fertig war, ist nicht ganz klar, denn gebaut wurde hier eigentlich ständig. Und mit zunehmender Luftverschmutzung gibt es jede Menge zu restaurieren. So bleibt das Münster irgendwie immer eine Baustelle.

Adresse Münsterplatz, 79098 Freiburg | **ÖPNV** Straßenbahnlinien 1, 3 und 5, Haltestelle Bertoldsbrunnen | **Öffnungszeiten** Mo–Sa 10–17 Uhr, So, Feiertage 13–19 Uhr, Termine für offene Führungen jeweils Mo, Sa und So um 14 Uhr | **Tipp** »Musik zur Marktzeit« ist eine Mini-Konzertreihe, die von April bis Weihnachten jeden Samstag von 11.30–11.55 Uhr im Münster stattfindet. Der Eintritt ist frei.

44 Das Treppenhaus

Visitenkarte des Erzbischöflichen Ordinariats

Mit einem Empfehlungsschreiben des Fürstbischofs von Görz in Österreich sicherte sich Raimund Jeblinger 1901 einen lukrativen Auftrag in Freiburg. Der renommierte Architekt aus der K.-u.-k.-Monarchie erhielt den Zuschlag für den Bau eines repräsentativen Ordinariatsgebäudes für den Erzbischof. Von vorneherein machte ihm der Bauherr klar, dass das Gebäude nicht zu schlicht werden solle, sondern eine dem Regierungssitz der Oberrheinischen Kirchenprovinz angemessene »Visitenkarte«. Der Architekt nahm das offenbar wörtlich und entwarf einen repräsentativen Palast, der an Pracht und Kosten seine Auftraggeber sowohl das Staunen als auch das Fürchten lehrte.

Der Gebäudekomplex zwischen Herrenstraße, Schoferstraße und Konviktstraße wurde 1906 eingeweiht und ist mit seinen Risaliten, gotischen Rundbögen, Gesimsen und Ornamenten eines der eindrucksvollsten Bauwerke des Historismus in Freiburg. Die Anfang des 20. Jahrhunderts sehr moderne Beton-Backstein-Konstruktion wurde außen komplett mit Sandstein verkleidet. Die volle Herrlichkeit bekommt der Besucher aber erst zu sehen, wenn er das Vögelchen hinunterdrückt, das als Türklinke dient und vielleicht den Heiligen Geist symbolisiert. Die Eingangshalle öffnet sich zu einem Treppenhaus, das seinesgleichen sucht.

Zunächst erinnert die Situation eher an eine romanische Krypta als an den Sitz einer Kirchenverwaltung. Doch dann wandert der Blick dank der raffinierten Lichtführung Jeblingers vom Halbdunkel nach oben: mächtige Säulen, überraschende Durchbrüche und Einblicke. Viel Gold, eine überbordende Farbenpracht und Ornamente, die von keltisch über romanisch, byzantinisch, ägyptisch bis hin zum Jugendstil eine erstaunliche stilistische Vielfalt offenbaren. Hinter der Bildgestaltung, die im Erdgeschoss mit schlichten Ornamenten beginnt und in der obersten Etage Christus als Weltenherrscher zeigt, steht der Maler Franz Schilling.

Adresse Schoferstraße 2, 79098 Freiburg | ÖPNV Straßenbahn 1, Haltestelle Oberlinden, dann zu Fuß über Herrenstraße bis zur Schoferstraße | Öffnungszeiten Mo–Do 8–12.30 Uhr, 13.15–17 Uhr, Fr 8–12.30 Uhr, 13.15–16.30 Uhr | Tipp Der Kunstmaler Franz Schilling hat in der Region noch weitere Kirchen gestaltet, darunter das Jakobsmünster in Titisee-Neustadt und – als Gehilfe seines Onkels – die Stadtkirche von Gengenbach.

45 Das Deutsche Uhrenmuseum

Wo der Schwarzwald tickt

Als der ägyptische Gouverneur 1826 dem französischen König eine Giraffe schenkte, geriet die Damenwelt bei Hofe in Verzückung. Lange Hälse und Turmfrisuren à la girafe waren plötzlich der letzte Schrei. Von der Giraffomanie erfuhren auch die Schwarzwälder Uhrmacher und verzierten ihre Lackschilderuhren alsbald mit dem Exoten aus Afrika. Besonders schöne Giraffenuhren sind im Deutschen Uhrenmuseum in Furtwangen zu besichtigen.

Das Museum ist ein Muss für jeden, der wissen will, wie der Schwarzwald tickt. Der Fundus umfasst 8.000 Zeitmesser – von der Sonnenuhr bis zur Atomuhr, von denen regelmäßig rund 1.300 Objekte präsentiert werden. Der Schwerpunkt der Ausstellung liegt in der handwerklichen und industriellen Uhrenherstellung. Ihr Zentrum war einst die Großherzoglich Badische Uhrmacherschule, eine Vorgängerinstitution der heutigen Hochschule Furtwangen. Mit einem Spendenaufruf legte ihr Direktor Robert Gerwig 1852 den Grundstein für die Sammlung.

Der Rundgang durch das Museum gleicht einer Zeitreise. Jedes Exponat hat seine eigene Geschichte, und irgendwann ergibt das Puzzle ein Bild von einem Industriezweig, der den Schwarzwald prägte. Da ist zum Beispiel die berühmte Rinderle-Uhr, eine astronomisch-geografische Uhr, benannt nach Thaddäus Rinderle (1748–1824), Mönch in St. Peter und Mathematikprofessor in Freiburg. Faszinierend auch die Bahnhäusle-Uhr. Modell standen die Bahnwärterhäuschen, die der Karlsruher Architekt Friedrich Eisenlohr (1805–1852) entworfen hatte. Ab 1860 wurden diese Uhren mit allerlei geschnitztem Blattwerk und Getier aus heimischen Wäldern verziert. Später kam noch ein Vögelchen dazu, das stündlich von sich hören ließ, und fertig war die Kuckucksuhr. Hinzu kommen so skurrile Exponate wie der Anti-Baby-Pillenwecker aus den 1970er Jahren.

Adresse Robert-Gerwig-Platz 1, 78120 Furtwangen | **Anfahrt** B 500 bis Furtwangen, links in die Bahnhofstraße, rechts in die Baumannstraße, links in die Gerwigstraße und bis zum Robert-Gerwig-Platz fahren. | **Öffnungszeiten** April–Okt. Mo–So 9–18 Uhr, Führung jeweils um 11 Uhr, Nov.–März Mo–So 10–17 Uhr, Führung jeweils um 14 Uhr | **Tipp** Einblicke in die Uhrenproduktion im Schwarzwald bietet auch das Heimat- und Uhrenmuseum in Schwenningen (Kronenstraße 16, 78054 Villingen-Schwenningen, Stadtbezirk Schwenningen).

46 Das Rotenhof-Leibgeding

Tea Time beim Schwarzwaldengländer

Der denkmalgeschützte Rotenhof im Ortsteil Schönenbach ist einer dieser mächtigen alten Höfe, die für den Schwarzwald so typisch sind. Er wurde als Lehenshof des Klosters St. Georgen erbaut und 1440 erstmals urkundlich erwähnt. Nach einem Blitzschlag brannte er 1935 fast völlig nieder und wurde originalgetreu wiederaufgebaut. Zum Glück hat die Feuerwehr damals gute Arbeit geleistet, sonst hätten die Flammen womöglich auch auf das kleine Leibgedinghaus übergegriffen, das so idyllisch neben dem Hof steht und einem englischen Landhaus verdächtig ähnlich sieht. Der Schein trügt nicht. Fragt sich also, wie so etwas in den Schwarzwald kommt.

Die spannende Geschichte des Hauses passt zur Region, denn sie handelt von Schwarzwälder Uhren und von den Schwarzwaldengländern. So wurden im Volksmund jene Uhrenhändler genannt, die ihre Schwarzwalddörfer verließen und sich in großen Städten in ganz Europa niederließen. Einer von ihnen war David Kuss vom Rotenhof. Er wanderte nach England aus und gründete in London ein Geschäft. Uhren aus dem Schwarzwald erfreuten sich im 19. Jahrhundert großer Beliebtheit. Sie waren robust und selbst für den schmalen Geldbeutel erschwinglich. Wie andere Händler auch, ließ sich Kuss die Einzelteile von daheim liefern und baute sie vor Ort zusammen. In der Regel war die ganze Großfamilie in das Geschäft eingebunden. David Kuss heiratete anlässlich eines Urlaubs in der Heimat eine Schwarzwälderin, die mit ihm nach London ging. Sie hatten zwölf Kinder und lebten offenbar nicht schlecht vom Uhrenhandel. Doch irgendwann packte ihn das Heimweh, und er beschloss, seinen Lebensabend im Schwarzwald zu verbringen. Er baute sich direkt neben dem elterlichen Hof seinen Altersruhesitz im englischen Landhausstil. So machten es viele Schwarzwaldengländer. Sie brachten zudem ein paar englische Sitten mit ins Dorf, tranken Tee und galten als etwas Besonderes.

Adresse Rohrbacher Straße 4, 78120 Furtwangen-Schönenbach | **Anfahrt** auf der B 500 nach Furtwangen, dann auf der Alemannenstraße nach Schönenbach, an der Kreuzung links in die Rohrbacher Straße abbiegen, der Rotenhof liegt rechts | **Tipp** In unmittelbarer Nachbarschaft zum Leibgedinghaus wird ein weiteres traditionsreiches Schwarzwälder Handwerk präsentiert. Eine kleine Schaubrennerei zeigt den Besuchern, wie das berühmte Schwarzwälder Kirschwasser entsteht (www.obstbrennerei-ritter.de).

47 Das Flößereimuseum

Wo der Holländer zu Wasser gelassen wird

Wer im 18. Jahrhundert vom Schwarzwald nach Holland reisen wollte, hatte zwei Möglichkeiten. Entweder er vertraute sich und sein Steißbein einer Kutsche und den davorgespannten Pferdestärken an, oder er bestieg mit Sack und Pack ein Floß. Das konnte zwar bequemer sein, war aber nicht ganz ungefährlich. Denn die aus den riesigen Schwarzwaldtannen zusammengebundenen Ungetüme mussten auf ihrer Fahrt Hindernisse umschiffen und reißende Strömungen überwinden. Die Reise führte meist nach Amsterdam. Sie begann auf der Enz und der Murg – oder eben auf der Kinzig bei Gengenbach, und zwar genau an der Stelle, wo heute das Flößereimuseum einen Einblick in ein Gewerbe gewährt, das lange zum Schwarzwald gehörte und fast zu seinem Verschwinden geführt hätte.

Das kleine Museum zwischen dem Fluss und der Bahnlinie war einst die Zollstation für die Flößer. Sie wurden vom Türmer auf dem benachbarten Stadtturm lautstark angekündigt und mussten ihren Wasserzoll entrichten. Der Bedarf an Holz für den Städte- und Schiffsbau in Holland war enorm. Die Flößer und die Holzhändler machten zwar gute Geschäfte, aber die massenhafte Nachfrage hatte auch Kahlschlag zur Folge. Der Transport auf dem Wasser war der einfachste und der einzige Weg, große Mengen an Holz zu bewegen. Die Passagierbeförderung bildete nur einen Nebenerwerb für die Flößer.

Bis zu 400 Meter lang konnte so ein Floß sein. Es glich einem schwimmenden Dorf mit Hütten zum Übernachten, Kuh- und Schweineställen, einer Bäckerei, Lagerräumen und einer Besatzung von rund 500 Mann. Der Rundgang durch die Ausstellung informiert nicht nur über das Leben der Flößer, sondern auch über deren Sprache. Dabei wird das Geheimnis um den »Holländer« gelüftet. So wird ein besonders stattlicher Tannenstamm genannt, der mindestens 20 Meter lang und 40 Zentimeter dick ist. Ideal, um damit ein Holländerfloß zu bauen.

Adresse Grünstraße 1, 77723 Gengenbach | **Anfahrt** A 5 bis Lahr, B 415 bis Biberach, B 33 bis Gengenbach, rechts abbiegen in die Brückenhäuserstraße, dann links in die Grünstraße | **Öffnungszeiten** April–Okt. Sa 14–17 Uhr, So 10–12 Uhr, 14–17 Uhr, Gruppenführungen sind ganzjährig möglich, www.floesserei-museum.de | **Tipp** In Schiltach und Wolfach finden regelmäßig Flößerfeste statt. Termine unter www.schiltacher-floesser.de und www.kinzigfloesser.de.

48__Das Rothaus-Museum

Wie Birgit Kraft zum Tannenzäpfle kam

Tannen und Fichten dicht an dicht, kilometerlang. Hinter dem Schluchsee beginnt das Rothauser Land, ein besonders urtümlicher Teil des Schwarzwaldes. Das (Über-)Leben in dieser Waldeinsamkeit war einst kein Zuckerschlecken. Die Menschen lebten vom Holzfällen, stellten Holzkohle her oder schnitzten – »schnefelten« – Alltagsgegenstände. Um das harte Tagwerk und vielleicht auch den Hunger etwas zu mildern, mag sich so mancher schon am Morgen für einen ordentlichen Schluck Selbstgebrannten erwärmt haben. Dem Fürstabt Gerbert des Benediktinerklosters St. Blasien sollen der Schnapskonsum und die Schwarzbrennerei seiner Untertanen ein Dorn im Auge gewesen sein. Um ihnen weichere Drogen schmackhaft zu machen, gründete er 1791 mitten im Wald neben dem Wirtshaus »Zum Rothen Haus« eine kleine Klosterbrauerei, die Rothaus-Brauerei.

Gesundheitspolitisch war das ein kluger Schachzug. Wirtschaftspolitisch erwies sich die Gründung sogar als ausgesprochen sinnvoll, denn sie bescherte den Menschen Arbeitsplätze und dem Kloster neue Einnahmen. Und der findige Fürstabt konnte seinen Ruf als Wirtschaftsförderer festigen.

Wer wissen möchte, was aus der Unternehmensgründung geworden ist, dem sei das Rothaus-Museum empfohlen. Auf rund 300 Quadratmetern Ausstellungsfläche werden Geschichte und Geschichten aus dem Schwarzwald rund um die Brauerei Rothaus illustriert, die im Zuge der Säkularisierung zur Großherzoglich Badischen Staatsbrauerei avancierte. Historische Originaldokumente, Bilder, Braugerätschaften und vieles mehr dokumentieren den Werdegang des Gerstensafts aus dem dunklen Tann. Seit 1956 lacht eine rotbackige Schwarzwaldmaid vom Flaschenetikett. Sie steht unter dicken Tannenzapfen und schrieb Marketinggeschichte. Nach dem Motto »Bier gi(b)t Kraft« ebnete sie dem Kultbier »Tannenzäpfle« den Weg in die Kehlen bis nach Berlin. Einen Namen hat die Maid auch: Birgit Kraft.

Adresse Rothaus 1, 79865 Grafenhausen-Rothaus | **Anfahrt** B 31 bis Titisee, B 317 bis Bärental, dann B 500 bis Schluchsee-Seebrugg und links auf der L 170 Richtung Grafenhausen bis Rothaus, nach dem Kreisel links abbiegen zum Besucherparkplatz der Rothaus Brauerei | **Öffnungszeiten** Mo – So 11 – 18, Anmeldungen zu Führungen im Museum und der Brauerei unter www.rothaus.de | **Tipp** Zur Stärkung nach dem Museumsbesuch sei der Brauereigasthof mit Biergarten empfohlen. Danach ist man gerüstet für das nächste Museum, das aus der TV-Serie »Schwarzwaldklinik« bekannte »Hüsli«. Es liegt gegenüber der Rothaus Brauerei.

49 Der Vogtsbauernhof

Die Wahrheit über den Bollenhut

Wie konnte es so weit kommen! Ein unscheinbarer Strohhut mit 14 roten Wollbommeln erobert den Globus und wird zum Symbol für den ganzen Schwarzwald. Dabei repräsentiert er gerade mal die Tracht von drei Dörfern: Gutach, Kirbach und Reichenbach, einer evangelischen Enklave im katholischen Umfeld. Um das Geheimnis des Bollenhuts zu lüften, reist man am besten nach Gutach, denn dort ist er zu Hause. Ziel ist das Freilichtmuseum rund um den über 400 Jahre alten Vogtsbauernhof, wo die verschiedenen Schwarzwälder Baustile samt traditioneller Handwerkskunst zu bestaunen sind. Hier treffen wir auf geballte Expertise in Sachen Bollenhut.

Angefangen hat der Hype um die Wollbommeln im 19. Jahrhundert. Regelmäßig lud damals der Karlsruher Kunstprofessor und Landschaftsmaler Wilhelm Hasemann (1850–1913) seine Studenten in die Malerkolonie nach Gutach ein. Die angehenden Künstler malten so gut wie alles, was ihnen vor die Staffelei kam, besonders gern aber die Bauernmädchen. Diese schmissen sich für den willkommenen Besuch aus der Stadt in Festtagstracht und setzten ihren eineinhalb Kilogramm schweren Bollenhut auf. So entstanden jede Menge Studien, die zu Postkartenmotiven avancierten. Als »Grüße aus dem Schwarzwald« wurden sie in alle Welt verschickt, bis die Welt glaubte, dass alle Schwarzwälderinnen so einen Bollenhut tragen. Ausgerechnet eine preußische Prinzessin und spätere Großherzogin, Lusie von Baden, machte ihn dann salonfähig und ließ dabei fast die unschönen Erinnerungen an den Herrn Papa, den Kaiser Wilhelm I., verblassen, der 1849 die Badische Revolution blutig niedergeschlagen hatte. Rund 100 Jahre später schmolz ganz Nachkriegsdeutschland im Schwarzwaldfieber dahin. Die Verfilmung von Léon Jessels 1917 uraufgeführter Operette »Das Schwarzwaldmädel« mit Sonja Ziemann war ein Blockbuster. Spätestens jetzt war der Bollenhut der berühmteste Hut der Welt.

Adresse 77793 Gutach (Schwarzwaldbahn) | Anfahrt an der B 33 zwischen Hausach und Gutach | Öffnungszeiten aktuelle Termine unter www.vogtsbauernhof.de | Tipp Den Begründern der Gutacher Malerkolonie ist das Kunstmuseum Hasemann-Liebich in der Kirchstraße 4 in Gutach gewidmet. Neben Werken der »alten« Schwarzwaldmaler werden hier auch zeitgenössische Schwarzwaldkünstler ausgestellt.

50 Der Bleibacher Totentanz

Pas de deux mit dem Sensenmann

Alle müssen mit ihm gehen. Die Magd ebenso wie die feine Dame, der arme Musiker ebenso wie der Soldat. Wem die Stunde schlägt, den lädt der Tod zum Tanz. Zum Totentanz. Dieser für die Betroffenen meist unfreiwillige Pas de deux mit dem Sensenmann war im Spätmittelalter ein beliebtes Motiv, um die Macht des Todes über das Leben sinnbildlich darzustellen. In der Beinhauskapelle in Gutach-Bleibach findet sich der im süddeutschen Raum am besten erhaltene Totentanzzyklus.

Bereits der Zugang zum Beinhaus ist ungewöhnlich. Er führt durch die 1978 im Geschmack der Zeit umgebaute Pfarrkirche St. Georg. Mit ihrem bis zum Boden herabgezogenen roten Aluminiumdach ähnelt sie von außen einem Hauszelt, während im Inneren ein Spagat von der Gotik bis zur Moderne geschlagen wird. Am hinteren Ende der Kirche öffnet sich die Tür zum Mittelalter. Man gelangt in die dunkle Beinhauskapelle, nur die tanzenden Gerippe sind beleuchtet. Mit Ölfarbe wurde der Totentanz einst auf das mit Tannenholz verschalte Tonnengewölbe gemalt. Der makabre Reigen erstreckt sich wie ein langes Band über alle vier Wände. Die fast liebevoll gestalteten Knochenmänner spielen mit schaurigen Instrumenten auf, mal scheinen sie die Todgeweihten mit sanftem Nachdruck zu überreden, mal überzeugen sie mit dem Knüppel.

Die Figuren sind plastisch und ausdrucksstark. Vom Künstler, der sein Werk möglicherweise dem berühmten Basler Totentanz nachempfunden hat, weiß man nicht viel. Vermutlich handelt es sich um den Waldkircher Maler Johann Jakob Winter, von dem auch das Fresko in der Beinhauskapelle stammt. Auch über den Autor der vierzeiligen Begleitverse zu den einzelnen Bildern ist wenig bekannt. Die Kapelle selbst ließ der Pfarrvikar Johann Martin Schill 1720 neben der Kirche aus ganz pragmatischen Gründen errichten. Da auf dem Friedhof zu wenig Platz für neue Bestattungen war, wurden kurzerhand Gebeine ausgegraben und im Beinhaus abgelegt.

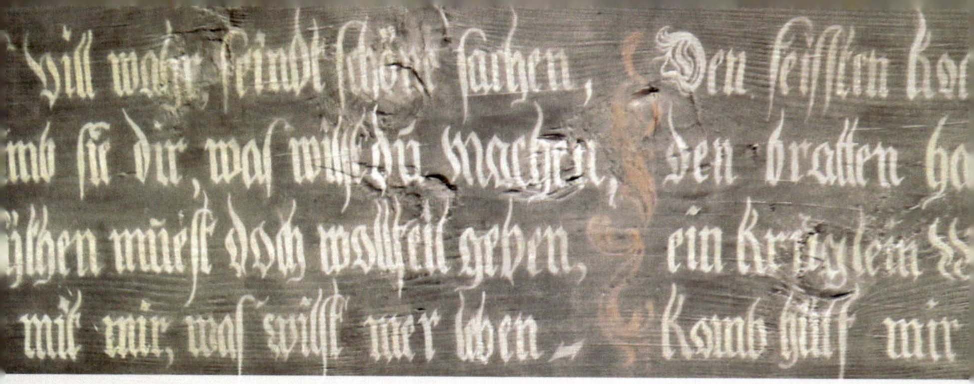

Adresse Schulstraße 2, 79261 Gutach-Bleibach | **Anfahrt** B 3 und B 294 Richtung Elzach, rechts nach Gutach, Ortsteil Bleibach, abbiegen, auf die Dorfstraße fahren, dann rechts in die Schulstraße | **Öffnungszeiten** Mo – So 10 – 17 Uhr, Führungen unter www.zweitaelerland.de | **Tipp** Es lohnt sich, für die Kirche St. Georg etwas mehr Zeit zu investieren und die Spuren der gotischen Vorgängerkirche zu entdecken.

51__Das Trachtenmuseum

Schäppel, Schnotzhüte und Iltiskappen

Ehrfurcht, Bewunderung und eine Prise Mitleid empfand das Volk stets, wenn die Queen bei besonderen Anlässen mit stoisch konzentrierter Mine ihre über zwei Kilo schwere Edwardskrone auf dem perfekt ondulierten Haupt balancierte. Im Vergleich zum Schäppel, mit dem sich Bauernmädchen aus St. Georgen an Festtagen die Frisur ruinieren, ist das gar nichts. Dieser typisch Schwarzwälder Kopfschmuck kann nämlich bis zu vier Kilo wiegen und macht den Kirchgang zur Schmerzprobe. Ein Prachtexemplar eines solchen XXL-Schäppels ist im Schwarzwälder Trachtenmuseum in Haslach zu bestaunen. Der Name der schwergewichtigen Kopfbedeckung leitet sich von chapeau, französisch Hut, ab. Der Schäppel besteht aus einem wahren Berg bunter böhmischer Glasperlen, in den kleine Spiegel eingearbeitet sind. Er war einst die Brautkrone einer Bauerntochter. Je ausladender der Schäppel, desto vielversprechender die Mitgift.

In dem ehemaligen Kapuzinerkloster wird eine einzigartige Sammlung von über 100 Volkstrachten aus dem gesamten Schwarzwald präsentiert. Sie vermittelt einen Eindruck von der Vielfalt der Festtagsgewänder in den einzelnen Regionen. In den zu Großvitrinen umgestalteten Mönchszellen kommen die wertvollen Originalstücke perfekt zur Geltung. Ergänzt wird die Ausstellung von kunstvoll bestickten Tüchern und Hauben, die heute als Haute Couture durchgehen könnten. Allein die Hutsammlung ist sehenswert. Da ist zum Beispiel der Hotzenwälder Schnotzhut, ein bizarr anmutender Strohhut, dessen weiß gekalkte Krempe sich an vier Seiten röhrenförmig öffnet und so maximale Kopfbelüftung gewährleistet. In anderen Schwarzwaldregionen trumpften die Damen mit Rollenkranz, Henkelhaube, Schlupfkappe oder Bollenhut auf. Herausragende Kopfbedeckung für Männer war die Iltiskappe, ein schwarzer Filzhut mit Iltis- oder Marderpelz. Getragen wurden die edlen Teile meist nur an Sonn- oder Festtagen.

Adresse Klosterstraße 1, 77716 Haslach im Kinzigtal, www.haslach.de | Anfahrt A 5, Ausfahrt Offenburg, B 33 nach Haslach, dort der Ausschilderung »Trachtenmuseum« folgen | Öffnungszeiten 1. April – 15. Okt. Di – So 10 – 12.30 und 13.30 – 17 Uhr; 16. Okt. – 30. April Di – Fr 10 – 12.30 und 13.30 – 16 Uhr | Tipp Initiator der Trachtensammlung war Heinrich Hansjakob, Pfarrer und Chronist des Schwarzwaldes. Ihm ist in seiner Heimatstadt Haslach das Museum Freihof in der Hansjakobstraße 17 gewidmet.

52 Das Hebelhaus

Wie Alemannisch salonfähig wurde

»Sehr gut wäre zeitweilig Hebel.« Dies empfiehlt schon Franz Kafka. Der Schriftsteller und Aufklärer Johann Peter Hebel (1760–1826) ist bis heute eine Ausnahmeerscheinung im Reigen der Dichter und Denker. Sein oft im Dialekt verfasstes Werk zählt zur Weltliteratur. Grund genug, sich auf die Spuren dieses berühmten Schwarzwälders zu begeben. Einen Einstieg bietet das Haus seiner Kindheit in Hausen im Wiesental. In dem 1562 erbauten Fachwerkhaus wurde zu Ehren Hebels unter der Regie des Deutschen Literaturarchivs Marbach ein literarisches Museum eingerichtet. Es würdigt Leben und Werk des bedeutendsten Sohnes der Stadt, dessen Werk nicht nur Kafka, sondern auch Goethe und Jean Paul schätzten.

Das Erdgeschoss des Hebelhauses ist Veranstaltungen und Lesungen gewidmet. Über eine schmale Holzstiege erreicht man den ersten Stock, in dem der junge Hebel in den Wintermonaten zusammen mit seiner Mutter lebte. Den Sommer verbrachten sie in Basel, wo die Mutter bei einer Patrizierfamilie arbeitete. Der Vater starb an Typhus, als Hebel ein Jahr alt war. Seine Mutter verlor er mit 13 Jahren. Sie starb auf der Fahrt von Basel nach Hausen in seinen Armen. Ein Schock, der später in seinem ergreifenden Gedicht »Vergänglichkeit« anklingt. Um dem Jungen den Besuch des Gymnasiums und ein Studium finanzieren zu können, verkauft sein Vormund das Haus. Sein Leben lang wird Hebel Heimweh nach dem Wiesental haben. Die behutsam gestaltete Ausstellung gibt einen Einblick in sein Werk und in das Leben der Familie in Hausen. Das wenige Mobiliar stammt noch aus dem Hebel'schen Haushalt.

Eine noch schmalere Stiege führt zum Dachgeschoss. Hier geht es um Hebelpreisträger, zu denen unter anderem Albert Schweitzer, Elias Canetti, Arno Geiger und Franz Hohler gehören. Und man staunt, dass Hebel-Gedichte sogar ins russische Volkslied und in den japanischen Moralunterricht Eingang fanden.

Adresse Bahnhofstraße 1, 79688 Hausen im Wiesental | **Anfahrt** über die B 317 von Zell oder Schopfheim nach Hausen, abbiegen in die Bahnhofstraße | **Öffnungszeiten** Feb. – Dez. Mi, Sa, So 13.30 – 17 Uhr, Führungen unter www.hebelhaus-hausen.de | **Tipp** Jeweils zu Hebels Geburtstag am 10. Mai feiert Hausen seinen großen Dichter mit einem Fest. In geraden Jahren wird an diesem Tag der Johann-Peter-Hebel-Preis verliehen. Er ist nach dem Schillerpreis der bedeutendste Literaturpreis des Landes Baden-Württemberg.

53__Der Banater Schicksalsweg

»Die Ersten fanden den Tod …«

Fast trotzig schieben sich an klaren Tagen die eckigen Türme der Kirche von Herrischried vor das Panorama der Schweizer Alpen. Das Dorf am südlichen Zipfel des Hotzenwaldes liegt in einem sonnigen Hochtal. Wer hier Urlaub macht, sucht Ruhe und Natur. Noch bis in die 1950er Jahre galt die Region als wirtschaftliches Notstandsgebiet. Wie hart der Überlebenskampf hier im 18. und 19. Jahrhundert war, davon zeugt ein schlichter Gedenkstein direkt neben der Kirche von Herrischried. Er erinnert an den Banater Schicksalsweg und an eine von Hunger und Not gezeichnete Zeit im Hotzenwald.

Wir schreiben das Jahr 1737. Ein kleiner Treck setzt sich gen Osten in Bewegung. 24 Personen aus dem Dorf Hänner haben ihr spärliches Hab und Gut gepackt, um die Heimat für immer zu verlassen. Auch in Rickenwald und Herrischried schlossen sich viele den Auswanderern an. Der Hotzenwald gehörte damals zu Vorderösterreich und wurde von der Grafschaft Hauenstein verwaltet. Unter der Bevölkerung herrschte bittere Armut. Und so hatten die Werbeagenten leichtes Spiel, die im Namen der österreichischen Kaiserin Maria Theresia Wagemutige suchten, die verzweifelt genug waren, um die infolge der Türkenkriege entvölkerten Landstriche Ungarns wieder zu besiedeln. Nicht wenige Hotzenwälder sahen darin ihre Chance.

Schwabenzüge wurden die Trecks genannt, ungeachtet der Tatsache, dass nicht nur Schwaben, sondern auch Franken, Pfälzer und eben Schwarzwälder gen Osten zogen. Ihr Ziel war das Banat, eine Donauregion, die heute zu Ungarn, Serbien und Rumänien gehört. Viele gerieten dort vom Regen in die Traufe, denn im vermeintlich gelobten Land herrschten teils noch schlimmere Bedingungen als zu Hause. »Die Ersten fanden den Tod, die Zweiten hatten die Not, und die Dritten erst das Brot.« So beschrieben die Auswanderer ihr Los. Manch einer kam sogar wieder zurück in den Schwarzwald.

Adresse Kirchweg 1, 79737 Herrischried | **Anfahrt** über die L 151 und L 157 nach Herrischried, Kirchweg zweigt von der Hauptstraße ab | **Tipp** Eine rund drei Kilometer lange Tour auf dem Banater Schicksalsweg beginnt bei der Kirche St. Zeno in Herrischried. Er führt an der Rotmooshalle und am Freizeitsee vorbei zur Ödlandkapelle.

54 Der Klausenhof

Wo die wilden Kerle wohnten

Der Hotzenwald, das sind schroffe Schluchten mit tosenden Bächen und karge Hochtäler. Für die Menschen war das Leben in diesem Teil des Schwarzwaldes einst eine einzige Herausforderung. Die Hotzenwälder galten als wilde Kerle, sie waren zwar bitterarm, aber stolz und selbstbewusst und scheuten auch die Konfrontation mit der Obrigkeit nicht. Das stellten sie im 18. Jahrhundert mit einem Bauernaufstand unter Beweis, der niedergeschlagen wurde und für viele mit der Deportation in die unwirtlichen Sumpfgebiete des Banat endete.

Schon früh entwickelten die Hotzenwälder einen Haustyp, der auf die raue Gegend zugeschnitten ist. Um dem Wetter zu trotzen, wurde das Hotzenhaus mit einem tief herabgezogenen Dach parallel zum Hang errichtet. Es duckte sich regelrecht an den Berg. Einer der letzten Höfe dieser Art ist der 1424 erbaute Klausenhof in Großherrischwand. Er ist zugleich der älteste Hof im gesamten Schwarzwald. Bis 1931 war er bewohnt, danach stand er jahrelang leer und verfiel. In einer groß angelegten Rettungsaktion wurde er 1979 bis 1981 abgebaut und rund 200 Meter von seinem ehemaligen Standort samt einer Hochgangsäge als Museum wiederaufgebaut.

Das Faszinierende am Urtyp des Hotzenhauses ist, dass das gewaltige Walmdach auf einer einzigen Firstsäule ruht, die vom Boden bis zum Dach reicht. Sie besteht meist aus dem Stamm einer Weißtanne und kann bis zu 20 Meter hoch sein. Erst in späteren Zeiten wurden zwei weitere Firstsäulen eingebaut. Das Innenleben des Hauses gruppiert sich um die Kochstelle. Einen Kamin gab es beim ursprünglichen Hotzenhaus nicht. Der Rauch zog durch das Dach ab und räucherte so die an der Decke aufgehängten Schinken und wohl auch die Köchin. Ein weiteres Charakteristikum dieses Haustyps ist der umlaufende Innengang, der zusätzlichen Wetterschutz bot. Dass dadurch die Zimmer etwas düster blieben, nahmen die Bewohner billigend in Kauf. Besser dunkel als kalt.

Adresse Lindenweg 1, 79737 Herrischried-Großherrischwand | Anfahrt über die L 151 und L 157 nach Herrischried und Großherrischried, die Straße führt direkt zum Klausenhof | Öffnungszeiten März–April So, Feiertage 14.30–17.30 Uhr; Mai–Okt. Mi, Sa, So, Feiertage 14.30–17.30 Uhr, Nov.–Feb. geschlossen | Tipp Jeden Sommer finden vor der Kulisse des alten Hotzenhofes die Klausenhof-Freilichtspiele statt. Programm unter www.freilichtbuehne-klausenhof.de.

55 Das Skimuseum

Wie die Schwarzwälder den Winter lieben lernten

Von »Luftschnäpplern« waren die Schwarzwälder seit jeher einiges gewohnt. Doch der seltsam gewandete Herr, der an einem eisigen Februartag während der Fasnachtssaison 1891 aus der Eisenbahn in Titisee stieg, zauberte selbst hartgesottenen Einheimischen ein Grinsen ins Gesicht. Insbesondere die zwei langen Bretter mit den krummen Spitzen über seiner Schulter sorgten für Belustigung. Der exotische Reisende war kein Geringerer als Dr. Robert Pilet, französischer Diplomat und Abenteurer. Statt sich dem nächsten Fasnachtsumzug anzuschließen, machte er etwas noch viel Verrückteres. Er montierte die Bretter unter seine Schuhe, quälte sich durch tief verschneites Gelände hinauf zum Feldberggipfel und begründete mit dieser lebensgefährlichen Tour den Skisport im Schwarzwald. Bald sprang die Begeisterung auf die Einheimischen über. Dies war der Beginn einer wunderbaren Freundschaft zwischen Mensch und eisiger Natur, in deren Folge die Schwarzwälder den Winter lieben lernten.

In den Anfangsjahren dienten die beiden Bretter nicht nur dem Vergnügen. Sie waren Fortbewegungsmittel für Ärzte und Hebammen, die auf entlegene Höfe mussten, für Maler wie Hermann Dischler, die Schneelandschaften auf die Leinwand bannten, und natürlich für Briefträger. Der berühmteste ist Georg Thoma aus Hinterzarten, Olympiasieger in der Nordischen Kombination von 1960 in Squaw Valley (USA). Von ihm stammt die Idee, in seiner Heimatgemeinde ein Skimuseum einzurichten, das die Geschichte des Wintersports im Schwarzwald erlebbar macht. 1997 war es so weit. Im Hugenhof, einem denkmalgeschützten alten Bauernhaus, kann man nun liebevoll aufbereitete Preziosen bestaunen. Darunter den blassorangefarbenen Springeranzug von Dieter Thoma samt lila Milka-Helm, einen Kinderwagen auf Kufen oder den Bügel vom ersten Skilift, der an einen umgebauten Dreschflegel erinnert und 1908 eine absolute Weltneuheit war.

Adresse Erlenbrucker Straße 35, 79856 Hinterzarten | **Anfahrt** auf der B 31 bis Hinterzarten, dann immer geradeaus über die Freiburger Straße, Rathausstraße zur Erlenbrucker Straße | **Öffnungszeiten** Di–Fr 14–17 Uhr, Sa, So 12–17 Uhr, jeden 2. und 4. Samstag im Monat offene Führung, Beginn 15 Uhr | **Tipp** Die Adlerschanze, die über Hinterzarten thront, ist ein imposantes Bauwerk, auf dem internationale Wettbewerbe ausgetragen und Trainingseinheiten absolviert werden. Im Sommer sorgen auf der mit Keramikkacheln belegten Anlaufspur Skispringer aus aller Welt für Nervenkitzel (Führungen unter Skiclub-hinterzarten.de).

56 Die Burg Hornberg

Minnesang und eine Fürstin unter Hausarrest

Wie einem beschaulichen Schwarzwaldstädtchen der Sprung ins Lexikon der sprichwörtlichen Redensarten gelingt, das zeigt Hornberg. In Vorfreude auf einen herzoglichen Besuch anno 1564 identifizierten die Späher jede Staubwolke in der Ferne als den Tross des Landesherrn und gaben Signal, zur Begrüßung aus sämtlichen Kanonenrohren Salut zu feuern. Als der Herzog nach mehrmaligem Fehlalarm tatsächlich kam, war das Pulver verschossen und die Stadt blamiert. »Das geht aus wie das Hornberger Schießen« heißt es seither, wenn ein Ereignis mit viel Tamtam angekündigt wird, aber im Nebel endet. Eine Rolle in der Sache spielte seinerzeit die Burg Hornberg, wo die unglückseligen Späher postiert waren.

Die diversen Burg- und Schlossgebäude auf dem steilen Bergvorsprung wurden vom 13. Jahrhundert an unter der Herrschaft der Freiherren von Hornberg erbaut, die zeitweise auch hier wohnten. Beliebte Programmpunkte ihrer mittelalterlichen Festgesellschaften waren Rittererzählungen und Minnesang. Als wahrer Meister dieser in der Regel platonischen Liebeslyrik galt Bruno von Hornberg. Er war zudem vermögend und stiftete unter anderem dem Kloster Tennenbach eine Spitalkapelle. Sie ist das einzige Gebäude, das vom Kloster übrig blieb.

Von 1423 an gehörte Hornberg den Grafen von Württemberg. Ein etwas mysteriöses Kapitel begann 1780, als die Burg sieben Jahre lang als Gefängnis für die Fürstin Augusta Elisabetha Maria von Thurn und Taxis herhalten musste. Die geborene Prinzessin von Württemberg war 1753 mit 19 Jahren mit ihrem Cousin, Karl Anselm von Thurn und Taxis, verheiratet worden und hatte in den darauffolgenden Jahren acht Kinder zur Welt gebracht. Die Liebe zum Gatten war in dieser Zeit offenbar abgekühlt, denn sie versuchte mehrmals, ihn umzubringen. Das nahm ihr der Fürst übel und verbannte sie auf die Burg Hornberg, wo sie bis zu ihrem Lebensende 1787 unter Hausarrest stand.

Adresse Auf dem Schloßberg 1, 78132 Hornberg | **Anfahrt** A 5, Ausfahrt Offenburg, B 33 nach Hornberg, Hauptstraße / Schlossstraße, dann abbiegen Richtung »Auf dem Schloßberg« und das letzte Stück zur Burg zu Fuß | **Tipp** Für Kinder bietet das Burggelände einen schönen Ritter-Spielplatz, und das Hotel Schloss Hornberg lädt zur Einkehr ein. Das legendäre Schießen findet jedes Jahr auf der Freilichtbühne Hornberg statt (Termine unter www.freilichtbuehne-hornberg.de).

57__Der Botanische Garten

Nostalgische Oase im Getöse der Stadt

Der Übergang ist abrupt. Eben noch toste der Verkehr, plötzlich herrscht Stille. Irgendwo im Geäst zwitschern Vögel, weiße Holzbänke sind sorgsam um den englischen Rasen gruppiert, dazwischen blühende Rabatten, dekorative Sträucher und Wasserbassins. Wir sind an einem der bezauberndsten Orte Karlsruhes angekommen, dem Botanischen Garten. Wie ein Riegel schirmt die Orangerie diese Idylle ab vom Rest der Welt. Zwischen historischen Gewächshäusern und Torbogen auf der einen und dem Bundesverfassungsgericht auf der anderen Seite erstreckt sich eine nostalgische Parkpracht.

Das kleine Paradies ließ sich Großherzog Karl Friedrich von Baden 1808 in unmittelbarer Nähe seines Schlosses errichten und engagierte dafür die bedeutendsten Baumeister seines Landes. Der erste Gesamtplan für die Anlage stammt aus der Feder von Friedrich Weinbrenner. Der großherzogliche Baudirektor schuf landauf, landab zahlreiche klassizistische Bauwerke. Als in den 1850er Jahren eine Neugestaltung und Erweiterung des Botanischen Gartens anstand, wurde mit Heinrich Hübsch ein weiterer badischer Stararchitekt beauftragt. Er entwarf die Orangerie, den prägnanten Torbogen und die Schaugewächshäuser, die 2018 umfassend saniert wurden.

Ihre Leidenschaft für Gartenkunst ließen sich die sonst relativ sparsamen Markgrafen von Baden-Durlach und späteren Großherzöge von Baden einiges kosten. Schon der Schloss- und Stadtgründer von Karlsruhe, Markgraf Karl Wilhelm, liebte Lustgärten, er sammelte Baumexoten und Tulpen. Mit dem Bau eines botanischen Gartens ging sein Enkel, Großherzog Karl Friedrich, noch einen Schritt weiter. Er interessierte sich für Naturwissenschaften und baute eine regelrechte wissenschaftliche Pflanzensammlung auf. Damit orientierte er sich an der Tradition botanischer Gärten, die ursprünglich vor allem den Forschungsabteilungen an Universitäten angegliedert waren.

Adresse Hans-Thoma-Straße 6, 76131 Karlsruhe | Anfahrt A 5, Ausfahrt Karlsruhe Richtung Zentrum, dann der Beschilderung »Schloss« folgen, parken in der Schlossplatz-Tiefgarage | Öffnungszeiten Garten Mo–So 10–18 Uhr, Schaugewächshäuser Di–Fr 10–16.45 Uhr, Sa, So, Feiertage 10–17.45 Uhr | Tipp Die Orangerie beim Botanischen Garten ist Teil der Staatlichen Kunsthalle, die zu den traditionsreichsten Museen Deutschlands zählt (Di–So 10–18 Uhr geöffnet).

58 Die Krone von Baden

Großherzogliches Upcycling

Wie ein Magnet wirkte die »badische Hauptstadt« Karlsruhe auf wertvolle Kulturschätze. So manches Knöchelchen aus der Steinzeit, das Archäologen im Schwarzwald zutage förderten, ist heute im Badischen Landesmuseum zu bewundern. 5.500 Jahre Kulturgeschichte umfasst die weltberühmte Sammlung. Zu den besonderen Stücken gehören Krone, Schwert und Zepter der Großherzöge von Baden, um die sich eine skurrile Geschichte rankt.

Es begann mit dem, was man heute als Karrieresprung bezeichnen würde. Der Markgraf Karl Friedrich von Baden (1728–1811) hatte sich mit dem einstigen Kriegsgegner Napoleon Bonaparte verbündet, und dieser zeigte sich erkenntlich. Er sprach dem Markgrafen nicht nur Land zu, das sein Herrschaftsgebiet um das Fünffache vergrößerte, sondern ernannte ihn 1802 auch zum Kurfürsten und 1806 zum Großherzog. Unverzüglich gab Karl Friedrich Krone, Zepter und Schwert in Auftrag, die von nun an zum standesgemäßen Auftritt gehörten. Er ordnete an, dafür ein paar von den Kirchenschätzen, die seit der Säkularisation seinen Besitz mehrten, umzuarbeiten.

Doch wie das manchmal so ist mit Handwerkern, die Sache zog sich. Und dann starb der Großherzog. Nun brach Hektik aus, denn zur Trauerfeier hatte sich reichlich Hochadel angekündigt. Eine Beisetzung ohne die großherzoglichen Standessymbole wäre eine Blamage gewesen. Also wurde in größter Eile eine Krone improvisiert. Pappmaschee, ein Drahtgestell und ein Bezug aus Samt und Seide bildeten die Grundlage. Für den Besatz mussten Edelsteine und Diamanten aus den konfiszierten Schätzen des Klosters Schwarzach und der Schlosskirche Rastatt herhalten. Auch für Zepter und Schwert griff man in den Fundus und verarbeitete einen siebenbürgischen Streitkolben und das Zeremonialschwert des Fürstbischofs von Speyer. Zur Beisetzung war alles fertig, und die Turbo-Krone konnte samt Zepter und Schwert dem Sarg vorangetragen werden.

Adresse Schlossbezirk 10, 76131 Karlsruhe | Anfahrt A 5, Ausfahrt Karlsruhe Richtung Zentrum, dann der Beschilderung »Schloss« folgen, parken in der Schlossplatz-Tiefgarage | Öffnungszeiten Di–Do 10–17 Uhr, Fr–So, Feiertage 10–18 Uhr | Tipp Eine für nördliche Breitengrade ungewöhnliche Pyramide erwartet den Besucher auf dem Marktplatz von Karlsruhe. Unter ihr befindet sich die Gruft des Stadtgründers Markgraf Karl Wilhelm von Baden-Durlach. Die Pyramide ist das Wahrzeichen von Karlsruhe.

59 Das Schloss und sein Turm

Wo Karl Wilhelm Ruhe und Entspannung suchte

Im Vergleich zu Rottweil oder Baden-Baden, wo schon die Römer siedelten, ist Karlsruhe mit seinen gut 300 Jahren ein Youngster. Um die Stadtgründung ragen sich etliche Legenden. Diese besagen im Grunde alle, dass der Markgraf Karl Wilhelm von Baden-Durlach eigentlich nur seine Ruhe haben wollte. Vom engen Durlach, von den aufmüpfigen Durlachern, von den leidigen Kriegen, die er mitmachen, und von der ungeliebten Ehefrau, die er heiraten musste. Als absolutistischer Herrscher baute er sich kurzerhand eine neue Residenz und eine Stadt gleich mit dazu. »Carlos Ruhe«. 1715 wurde der Grundstein gelegt.

Als Erstes entstand der 42 Meter hohe Turm. Wegen seines Dachs aus Blei wurde er Bleiturm genannt. Er ist der Mittelpunkt, um den herum das Schloss, die Stadt und 32 strahlenförmig verlaufende Alleen angeordnet sind. Noch heute kann man von der Terrasse auf dem Schlossturm den Sternengrundriss der Stadt erkennen und versteht, warum Karlsruhe auch »Fächerstadt« genannt wird. Nach zweijähriger Bauzeit erstrahlte die neue Residenz in schönstem Barock. Und schon 1719 waren Hofstaat und Beamtenschaft umgesiedelt. Es gelang Karl Wilhelm sogar, mit zahlreichen Vergünstigungen die ersten 2.000 Bürger in die neue Stadt zu locken. Nur seine Gemahlin konnte er nicht vom Umzug überzeugen. Aber das war ihm womöglich ganz recht.

Der Markgraf pflegte nämlich einen ausschweifenden Lebensstil. Der Schlossturm war nicht nur Mittelpunkt der neuen Stadt, sondern auch vieler Gerüchte. Hier wohnten in eigens angelegten Zimmerchen junge Frauen, die offiziell als Hofsängerinnen engagiert waren. Dass sich Karl Wilhelm für mehr als ihre künstlerischen Qualitäten interessierte, bezeugt eine stattliche Anzahl unehelicher Kinder, die alle Carlina oder Carl genannt wurden. 144 Hofsängerinnen sollen im Laufe der Jahre auf die eine oder andere Weise in seinen Diensten gestanden haben.

Adresse Schlossbezirk 10, 76131 Karlsruhe | Anfahrt A 5, Ausfahrt Karlsruhe Richtung Zentrum, dann der Beschilderung »Schloss« folgen, parken in der Schlossplatz-Tiefgarage | Öffnungszeiten Di–So 10–18 Uhr, während der Sommerferien in Baden-Württemberg Di–Do 10–17 Uhr, Fr–So 10–18 Uhr | Tipp Wie mit dem Lineal gezogen führt ein Band blauer Keramikfliesen vom Schlossturm zur Majolika Keramik-Manufaktur. Sie wurde 1901 auf Initiative des Malers und Kunstprofessors Hans Thoma gegründet und produziert noch immer.

60_Das ZKM

Brückenschlag ins digitale Zeitalter

Das Vorspiel währte vier Jahre. 1984 hatte das Kulturamt verschiedene Einrichtungen der Stadt, die im engeren oder weiteren Sinn ein Interesse an Kunst hatten, zusammengetrommelt. Ziel war es, eine Institution zu gründen, die künstlerische Konzepte mit zukunftweisenden Technologien zusammenbringt. 1988 lag das Konzept vor. Es bildet heute das Grundgerüst für das Zentrum für Kunst und Medien, kurz ZKM, und markiert einen Brückenschlag ins digitale Zeitalter.

Als Standort fand sich Anfang der 1990er Jahre nach langer Suche ein monumentaler, von dem Architekten Philipp Jakob Manz errichteter Industriebau, in dem einst eine Waffen- und Munitionsfabrik untergebracht war. Nach dem Umbau wurde das ZKM 1997 offiziell eingeweiht. Inzwischen kommen weit über 200.000 Besucher pro Jahr, um interaktiv Kunst zu erleben und sich mit ihr auseinanderzusetzen. Im ZKM läuft einiges anders. Es ist zugleich Medienmuseum und Museum für Neue Kunst, Ausstellungsort für junge Künstler, Kulturfabrik und Labor für Medienkünste. Unter einem Dach vereint es Forschung, Produktion, Vermittlung und Veranstaltungen, Sammlung und Archive. Der Gründungsdirektor Heinrich Klotz beschreibt das ZKM als »digitales Bauhaus«. Das Ineinandergreifen von Kunst, Film, Musik und Tanz gehört zum Konzept.

Diese Offenheit nach allen Seiten wird bereits beim Betreten der riesigen Ausstellungshallen deutlich, die insgesamt 7.000 Quadratmeter umfassen. Hier ist ebenso Raum für monumentale Installationen wie für monografische oder thematische Überblicksausstellungen. Die Sammlung umfasst rund 8.000 Werke aus den Bereichen der bildenden Kunst. Interdisziplinäre Vernetzung wird auf vielen Ebenen gelebt und prägt auch die Kooperationen des ZKM. Von Anfang an arbeitet es beispielsweise mit international bedeutenden Kunstsammlungen zusammen. Darunter die Sammlung Siegfried Weishaupt und die Sammlung Grässlin.

Adresse Lorenzstraße 19, 76135 Karlsruhe | **Anfahrt** A 5, Ausfahrt Karlsruhe Süd, über Brauerstraße, Südendstraße zur Lorenzstraße, parken im ZKM-Parkhaus Südendstraße 44 | **Öffnungszeiten** Ausstellungen: Mi – Fr 10 – 18 Uhr, Sa 14 – 18 Uhr, So 11 – 18 Uhr | **Tipp** Die Bronzeplastik im Innenhof des ZKM trägt den Titel »Terra et mundus«. Sie wurde von Hans Kindermann gestaltet. Von ihm stammt auch das Adlerrelief im Sitzungssaal des Bundesverfassungsgerichts.

61_Die Talvogtei

Ritter, Vögte und wilde Bauern

Die alte Talvogtei prägt das Bild von Kirchzarten und schafft eine malerische Kulisse für Hochzeiten, Veranstaltungen und Feste. Die Idylle im Dreisamtal vor den Toren Freiburgs hat eine lange Geschichte, die selten beschaulich war. Allein schon die Schießscharten in der Ringmauer des ehemaligen Wasserschlosses deuten an, dass es hier einst hart zur Sache ging.

Ursprünglich war das Anwesen ein Dinghof des Klosters St. Gallen, der 1297 an die Johanniter in Freiburg verkauft wurde. 1308 übernahm ihn der sagenumwobene Ritter Kuno von Falkensteig, und von 1492 an bestimmte die Stadt Freiburg über die inzwischen zur Burg erweiterte Anlage. Sie installierte ihre Vögte, die von hier aus ihre Ländereien im Dreisamtal verwalteten und von den Bauern Abgaben eintrieben. Doch anders als die Bürger der Stadt konnten die Kirchzartener nicht auf den Schutz ihrer Grundherren zählen. Das bekamen sie im Bauernkrieg bitter zu spüren. Als 1525 die bewaffneten Horden aus dem Schwarzwald anrückten, machte die Stadt kurzerhand die Schotten dicht, und die Aufständischen schlugen zum Entsetzen der Dorfbewohner in der Talvogtei ihre Kommandozentrale auf. Freiburg wurde erobert, kurz darauf befreit und rächte sich anschließend für den vermeintlichen Verrat grausam an der Bevölkerung von Kirchzarten.

Nach den turbulenten Zeiten standen in der Talvogtei, die mittlerweile zum Wasserschloss avanciert war, Umbauarbeiten an. Dabei wurden die beiden großen Scheunen vor die Ringmauer ausgelagert und 1621 der Schneckenturm gebaut. Über den Eingängen prangen noch heute die Wappen von Freiburg und Österreich. 1808 endete die Ära der Vögte. In den folgenden Jahren diente die Talvogtei als Schule, Wohnhaus und Schmiede – bis vom alten Glanz nichts mehr übrig war. Die Gemeinde sprang schließlich in die Bresche und sanierte die Beinahe-Ruine. Heute residiert hier kein Freiburger Vogt mehr, sondern der Bürgermeister von Kirchzarten.

Adresse Talvogteistraße 12,79199 Kirchzarten | **Anfahrt** B 31, Ausfahrt Kirchzarten, dann von der Freiburger Straße links in die Talvogteistraße abbiegen | **Öffnungszeiten** tagsüber und bei Veranstaltungen geöffnet | **Tipp** Die vorbildlich sanierten Talvogtei-Scheunen sind ein Beispiel dafür, wie alte Bausubstanz zeitgemäß und mit Komfortgewinn genutzt werden kann. In einem der historischen Gebäude ist eine moderne öffentliche Mediathek untergebracht.

62 Die St. Johanneskapelle

Das Münster von Zarten

Beschützt von einer Bruchsteinmauer liegt inmitten eines Kräutergartens die St. Johanneskapelle. Sie ist die kleinste Kirche im Dreisamtal und eines der bedeutendsten Kulturdenkmale im Zartener Becken. Bereits 816 wurde sie im Zusammenhang mit einer Schenkung an das Kloster St. Gallen erstmals urkundlich erwähnt. Geweiht ist sie Johannes dem Täufer. Der Patron wurde meist unter ganz pragmatischen Gesichtspunkten gewählt. In Weinbauregionen soll der heilige Cyriakus die Winzer und ihre Reben vor Unbill bewahren, in Gegenden mit Weideland erfreut sich der heilige Johannes als Schutzpatron der Hirten und Herden großer Beliebtheit.

Lange wurde die kulturhistorische Bedeutung der Kirche verkannt. Das änderte sich, als in den 1960er und 1980er Jahren Renovierungsarbeiten anstanden. Dabei förderte man gleich mehrere Überraschungen zutage. Zum Beispiel lieferte das nur von außen sichtbare romanische Fenster einen Beleg für die bis ins 11. Jahrhundert zurückreichende Geschichte der heutigen Kirche. Außerdem entdeckte man im Dachgeschoss über 500 Jahre alte Seccomalereien. Freigelegt wurde auch eine bemalte Holzkassettendecke mit Puttenköpfen und Verzierungen, die vermutlich vor 1700 entstanden ist. Wegen des schönen barocken Altars mit seinen kostbaren Schnitzereien wird die Kapelle das »Münster von Zarten« genannt. Man vermutet, dass er aus einem im Zuge der Säkularisation aufgelösten Kloster stammt.

Neben einer Sonnenuhr zeigt das Wappen Vorderösterreichs an der Außenfassade, wer über Jahrhunderte im Dreisamtal das Sagen hatte. Allerdings waren dem österreichischen Kaiser Joseph II. die kleinen Gotteshäuser und Kapellen ebenso ein Dorn im Auge wie all die Wallfahrten und Feiertage, welche die Bevölkerung von der Arbeit abhielten. Mit einer Reform versuchte er, hier einzugreifen. Nur mit Mühe konnten sich die Zartener der Auflösung ihrer Kirche widersetzen.

Adresse Bundesstraße 40, 79199 Kirchzarten-Zarten | **Anfahrt** B 31, Ausfahrt Kirchzarten, dann Richtung Zarten, die St. Johanneskapelle liegt direkt an der Straße | **Öffnungszeiten** Der Seiteneingang der Kapelle ist tagsüber geöffnet. | **Tipp** Nicht minder traditionsreich ist der Gasthof Bären gegenüber der St. Johanneskapelle. Er wurde 1502 als Teil eines Hofguts erstmals urkundlich erwähnt. Heute ist er ein Garant für solide badische Küche.

63 Das Albert-Schweitzer-Haus

Rückzug, Ruhe und Reizklima

Der Leiterwagen mit dem Handgepäck steht bereit. Viel brauchte Albert Schweitzer nicht, wenn er sich zum nächsten Bahnhof aufmachte, um wieder einmal nach Afrika aufzubrechen. Dass er von 1923 bis 1957 oft von Königsfeld aus startete, ist kaum bekannt. Der kleine heilklimatische Luftkurort war viele Jahre Rückzugsort für ihn und seine Familie. Hier widmete er sich seiner schriftstellerischen Tätigkeit, bereitete sich auf Konzertreisen vor, mit denen er Spenden für sein Krankenhaus in Lambarene sammelte, und korrespondierte mit aller Welt. Seine Frau Helene fand in dem Schwarzwälder Reizklima Linderung ihres Lungenleidens, und Tochter Rhena besuchte hier die Schule und später das Internat.

Schweitzers Domizil konnte nahezu im Originalzustand erhalten werden. Dem Historischen Verein Königsfeld gelang es, darin eine Art Forum einzurichten, um über Leben und Werk dieses umtriebigen und engagierten Mannes zu informieren und dem Besucher einen Eindruck von seinem vielseitigen Werk zu vermitteln. Denn Albert Schweitzer war mehr als der »Urwalddoktor«. Die Ausstellung zeigt den ehemaligen Hausherrn als Musiker, Philosophen, Theologen, Universalgelehrten und als Gegner der atomaren Aufrüstung, die er anlässlich seiner Nobelpreisrede geißelte.

Anhand zahlreicher Exponate werden Leben und Werk von Albert und Helene Schweitzer ein Stück weit lebendig. Zu sehen sind neben Bildern und Schriften auch so persönliche Dinge wie sein extra für den Einsatz in den Tropen gebautes Klavier. Schweitzer selbst hat seine Jahre im Schwarzwald so beschrieben: »Die Zeit in Königsfeld war die schönste meines Lebens: In Königsfeld konnte ich ruhig arbeiten, hatte die Orgel, konnte in den Wald gehen und hatte viele Freunde. Tief bewegt mich, daß meine Weltanschauung der Ehrfurcht vor allem Leben ihren Weg in der Welt macht.«

Adresse Schramberger Straße 5, 78126 Königsfeld | **Anfahrt** über die B 500, die L 180 und die L 181 nach Königsfeld, dann in die Stellwaldstraße abbiegen, über den Zinzendorfplatz und die Luisenstraße in die Schramberger Straße | **Öffnungszeiten** Fr, Sa 14–17 Uhr, So, Feiertage 11–17, Eingang Albert-Schweitzer-Weg, Führungen unter www.albertschweitzer-haus.de und www.historischer-verein-koenigsfeld.de | **Tipp** Der Jugendstilsaal im Herrnhuter Haus am Zinzendorfplatz wurde nach Helene Schweitzer benannt. Es ist eines der ältesten Häuser in Königsfeld und war einst der Speisesaal der Herrnhuter Brüdergemeine.

64_Das Königsfelder Ortsbild

Wie die Herrnhuter in den Schwarzwald kamen

Lange hatte die von Graf Zinzendorf auf seinem Gut in der Oberlausitz ins Leben gerufene protestantisch-pietistische Herrnhuter Brüdergemeine nach einem Standort für eine Kolonie im heutigen Baden-Württemberg gesucht. 1806 unterzeichnete der König von Württemberg, Friedrich I., die Gründungsurkunde. Das brachte der neuen Siedlung, die mehr oder weniger auf freiem Feld verortet war, den Namen Königsfeld.

Einen kleinen Standortnachteil tauchte der amtierende Diaspora-Pfleger der Brüdergemeine in einem Brief ins heimatliche Herrnhut vorsichtshalber in ein mildes Licht: »Wenn es aber auch ein raues Klima sei, so sei es doch gesund.« Auf rund 50 Hektar Landwirtschaftsfläche gründeten die Herrnhuter von 1806 an ihre Kolonie, die sich in den folgenden zwei Jahrhunderten sowohl hinsichtlich der frommen Bewohner als auch der Architektur zu einer Art Gesamtkunstwerk entwickelte.

Der denkmalgeschützte, im schlicht-eleganten spätbarocken Stil gehaltene Kernort ist in seiner ursprünglichen Anmutung bis heute erhalten. Er wirkt auf den ersten Blick wie auf dem Schachbrett entstanden. Das Zentrum des Planquadrats bildet der Zinzendorfplatz mit seinem für die kleine Gemeinde großzügigen, ganz in Weiß gehaltenen Kirchensaal, der zugleich Versammlungsraum und Festsaal ist. Darum gruppieren sich die Gemeinschaftshäuser, die Verwaltungsgebäude sowie die Schulen und Internatsgebäude, früher »Erziehungsanstalten« genannt. Die Schüler sowie die vom rauen, aber gesunden Heilklima angezogenen Kurgäste waren eine wichtige Einnahmequelle. Um den Ortskern herum entstanden Wohnhäuser, die den Historismus oder englischen Landhausstil zitierten. Anfang des 20. Jahrhunderts schwärmten die Bauherren für den eher anheimelnden Retrolook der Stuttgarter Schule, einer Gegenbewegung zum Bauhaus. Holzverschindelte Fassaden, Türmchen, Erker und Walmdach prägen nun das Ortsbild von Königsfeld.

Adresse Zinzendorfplatz 1, 78126 Königsfeld | **Anfahrt** über die B 500, die L 180 und die L 181 nach Königsfeld; dann in die Stellwaldstraße abbiegen und bis zum Zinzendorfplatz fahren | **Tipp** Sehenswert ist der Friedhof, bei den Herrnhutern Gottesacker genannt, mit seinen einheitlich schlichten Grabplatten aus Sandstein. Zu erreichen ist er über eine Allee, die an der Ecke Luisen- und Schramberger Straße beginnt. Infos zum Ortsbild unter www.historischer-verein-koenigsfeld.de und www.koenigsfeld.de.

65__Das Stadtmuseum Tonofenfabrik

Wo Sütterlin in die Lehre ging

Und täglich grüßt der Grizzlybär. Er ist einer der letzten Botschafter der Naturaliensammlung aus dem 19. Jahrhundert und zugleich Empfangschef im Stadtmuseum in der alten Tonofenfabrik von Lahr. Der zähnefletschende erste Eindruck täuscht. Zum einen befindet sich der mit reichlich Holzwolle in Form gehaltene Geselle hinter Glas. Zum anderen hat dieses klar konzipierte Haus nicht das Geringste mit Museums-Muff zu tun. Das Stadtmuseum ist vorbildlich modern. Der von den Lahrern geliebte Grizzly ist ein Geschenk von Auswanderern, Vater und Sohn Roos, die in Nordamerika mit Fellhandel zu Geld gekommen waren. Der Vater hatte seine Heimatstadt nicht freiwillig verlassen, sondern war emigriert, um als Kämpfer der Badischen Revolution 1848/49 politischer Verfolgung zu entgehen.

Wie ein roter Faden zieht sich das Thema Aufbruch, Abschied, Neuanfang durch die Ausstellung. Lahr als Garnisonsstadt, Lahr als Migrationsstadt, Lahr als Stadt von Auswanderern und Einwanderern. Soldaten kamen und gingen. Zuletzt verließ 1993 die kanadische Garnison die Stadt. Alle hinterließen Spuren, die Lahr prägen. Ein weiterer großer Themenbereich befasst sich mit Lahr als Industriestandort. Namhafte Firmen waren hier ansässig. Darunter Roth-Händle und Reval, die den Tabak aus der Rheinebene verarbeiteten, außerdem Hersteller von Armaturen und mehrere Druckereien. Präsentiert werden stets auch die Menschen, die hinter den Exponaten stehen. So erfährt man angesichts einer mächtigen Druckpresse zum Beispiel, dass Ludwig Sütterlin in Lahr zum Lithografen ausgebildet wurde. Er entwickelte um 1911 die nach ihm benannte Schreibschrift, die Generationen von Schülern erlernten. Vorbildlich sind die Zeitdokumente mit interaktiven Elementen kombiniert, sodass man auch jederzeit tiefer in ein Thema eintauchen kann. Damit gelingt eine sehenswerte Zeitreise durch die Geschichte der Stadt.

Adresse Kreuzstraße 6, 77933 Lahr | Anfahrt A 5, B 3 bis Lahr, Ausschilderung Richtung Innenstadt folgen, parken im Parkhaus »Volksbank« in der Kreuzstraße beim Stadtmuseum | Öffnungszeiten Mi–So, 11–18 Uhr, Führungen unter www.stadtmuseum.lahr.de | Tipp Der Storchenturm, das Wahrzeichen von Lahr, ist der Rest einer 1220 erbauten Tiefburg. Er wurde lange als Gefängnis genutzt. Inzwischen ist die Anlage umfassend saniert und kann von Juni bis Oktober mittwochs bis sonntags von 14 bis 17 Uhr besichtigt werden.

66 Das Streifenhaus

Reihenhausidylle im römischen Hinterland

Die Beschreibung des »Haustyps Lahr« als eineinhalbgeschossiges Stadthaus mit Loggia und Garten könnte im Hochglanzprospekt eines Bauträgers stehen. Der Einsatz natürlicher Materialien wie Holz und Bruchsandsein klingt baubiologisch up to date. Allenfalls die Verwendung von Stroh und Lehm lassen gewisse Zweifel aufkommen. Zu Recht. Was uns der vermeintliche Bauträger hier schmackhaft machen will, ist über 1.800 Jahre alt. Es handelt sich um das Reihenhäuschen eines Handwerkers aus galloromanischer Zeit, das einst in Lahr-Dinglingen im römischen Hinterland am Oberrhein stand. 2019 wurde das sogenannte Streifenhaus in Kooperation mit den Archäologen der Uni Freiburg im Bürgerpark in Lahr nachgebaut. Es vermittelt nun ein Bild vom Alltag in einer zivilen römischen Siedlung, einem sogenannten Vicus. Mit dazu gehört ein Selbstversorgergarten mit Pflanzen, wie sie in der Spätantike angebaut wurden, darunter Leimkraut und Acker-Breitsamen. Auf der Straßenseite befindet sich ein überdachter Portikus, der vor Wind und Wetter schützt.

Die Siedlung, zu der der dieser Typus Streifenhaus gehörte, befand sich bei Dinglingen, das heute ein Ortsteil von Lahr ist und an der B 3 liegt, auf der offensichtlich schon damals reger Verkehr herrschte. Idealer Ort also, um Handel zu treiben und den Durchreisenden allerlei Dienstleistungen anzubieten. An solchen Hotspots siedelten sich gern Reparatur- und Produktionsbetriebe für Dinge des täglichen Bedarfs an, ebenso Wirtshäuser und Herbergen. Die Bewohner waren vorwiegend keltischen Ursprungs und in den römischen Sitten nicht allzu tief verwurzelt. Die römischen Bauvorschriften mussten trotzdem befolgt werden, sie galten auch für das Streifenhaus. Fünf bis sechs Meter Breite und bis zu 17 Meter Tiefe waren vorgesehen. Die Bauplätze entlang der boomenden Fernstraßen waren begehrt und dank der Reihenhausbauweise kam ein Maximum an Interessenten zum Zug.

Adresse Mauerweg 7, 77933 Lahr | Anfahrt von der B 3 im Kreisverkehr rechts in die Schwarzwaldstraße, dann rechts in die Straße Im Schillinger, diese führt zum Mauerweg | Öffnungszeiten immer zugänglich | Tipp An die Zeiten, als Lahr noch eine Tabakmetropole war, erinnert das neue Rathaus, das 1807 erbaut wurde und damit gar nicht so neu ist, wie sein Name besagt. Die Villa im klassizistischen Stil diente einst dem Schnupftabakfabrikanten Carl Ludwig Lotzbeck als Wohnhaus und Produktionsstätte.

67_Die historische Schmiede

Wo der Hammer hängt

Funken fliegen nach allen Seiten. Wenn der schwere Hammer auf das rot glühende Eisen niedersaust, ist Deckung angesagt. In der historischen Hammerschmiede im Reichenbachtal bei Lahr kann man altes Handwerk im wahrsten Sinne des Wortes hautnah erleben. Es qualmt und zischt. In der Esse lodert das Feuer, an der Wand hängt ein Arsenal von Werkzeugen zum Bohren und Biegen des Metalls. Der von einem Wasserrad angetriebene riesige Hammer knallt auf das Eisen, bis es flach ist wie eine Flunder. Vor den Augen der staunenden Besucher entwickelt sich der glühende Klumpen mit jedem Schlag mehr zu einer Schaufel. So wurde früher Werkzeug gemacht. Die alte Hammerschmiede, ein kulturgeschichtliches Denkmal, konnte dank der Initiative des örtlichen Schwarzwaldvereins vor dem Verfall gerettet und anschließend restauriert werden. Seither wird im Rahmen von Führungen demonstriert, wie altes Schmiedehandwerk funktioniert.

Die Anlage wurde einst direkt an der Schutter errichtet, dem idyllischen Bachlauf, der dem Tal seinen Namen gibt: Schuttertal. Die Geschichte der Hammerschmiede konnte bis zum Jahr 1730 rekonstruiert werden. Es war die Zeit, als sich die Region gerade etwas von den Schrecken der Kriege Ludwigs XIV. erholte, dessen Truppen hier schwer gewütet hatten. Damals gehörten Reichenbach sowie die umliegenden Dörfer zur Grafschaft Hohengeroldseck und wurden von dem Adelsgeschlecht derer von der Leyen beherrscht. Werkzeug sowie land- und forstwirtschaftliche Geräte wie Äxte, Spaten, Ziehmesser benötigte man für den Wiederaufbau benötigt. Die Menschen nutzten die Friedenszeit, um sich endlich wieder um Obst- und Ackerbau zu kümmern. Man kann davon ausgehen, dass die Hammerschmiede ordentlich zu tun hatte. Zugleich muss sie wohl auch über ein solides Know-how in der Herstellung von Waffen verfügt haben, denn die Zeit zwischen Krieg und Frieden war eng getaktet.

Adresse Schindelstraße 8/1, 77933 Lahr-Reichenbach | **Anfahrt** B 3 bis Lahr, B 415 weiter bis Reichenbach, von der Hauptstraße abbiegen in die Schindelstraße | **Öffnungszeiten** Führungen unter www.schwarzwaldverein-reichenbach.de | **Tipp** Die 1139 erstmals urkundlich erwähnte Burg Hohengeroldseck thront hoch über dem Dorf Seelbach und gilt als Wahrzeichen der Region Geroldsecker Land. Bei einer Erlebnisführung erwacht die Welt der Ritter zu neuem Leben (Termine unter www.burgruine-hohengeroldseck.de).

68__Das Dreiländermuseum

Ein Lehrstück in Sachen Nachbarschaft

Alpensicht in die Schweiz, Vogesensicht nach Frankreich. Im Dreiländereck ist man sich nah. Gut 20 Kilometer sind es von Lörrach nach St. Louis, nur etwa zehn Kilometer nach Basel. Das Verhältnis ist wie bei Nachbarn. Sie sehen sich, sie grüßen sich, aber oft wissen sie nicht allzu viel voneinander. Auftrag des Dreiländermuseums ist, dies zu ändern. Kein einfaches Unterfangen angesichts einer gemeinsamen Vergangenheit, die von so vielen Höhen und Tiefen geprägt ist. Deshalb wird gezeigt, was trennt und was verbindet. Ein besonderes Augenmerk richtet die Ausstellung auf den Rhein, denn er symbolisiert das besonders gut. Er ist eine Lebensader der Region und zugleich natürliche und politische Grenze.

Mit einer Fülle mitunter überraschender Exponate entsteht ein Mosaik, das vom Mammutknochen bis zur modernen Malerei, von Rheinfischern bis zur Revolution reicht. Es verdeutlicht, wie die gemeinsame Sprache, das Alemannische, und die Kultur die Nachbarn seit Jahrhunderten verbinden und wie die Politik sie immer wieder trennte. Als während der beiden Weltkriege die Schlagbäume zwischen den drei Ländern fielen, waren die Grenzen plötzlich präsent wie kaum je zuvor. Nun begann eine Zeit der Schleuser und Schmuggler, der Saboteure und Spione. Fast fassungslos steht man vor einem der Volksempfänger, mit denen in Lörrach heimlich die Schweizer Nachrichten gehört wurden, was im Nationalsozialismus mit der Todesstrafe geahndet wurde. Unvergesslich auch das altertümliche Fahrrad, in dessen Reifen und Sattelrohr Flugblätter versteckt waren. Es sind diese Geschichten und Gegenstände aus dem Alltag, die unter die Haut gehen.

Auf eine stattliche Sammlung von 50.000 Exponaten kann das Dreiländermuseum zurückgreifen, rund 2.000 werden in der Dauerausstellung gezeigt. Hörstationen, kurze Filme und Mitmachaktionen vertiefen das Geschichtserlebnis in diesem europaweit einzigartigen Lernraum.

Adresse Basler Straße 143, 79540 Lörrach | **Anfahrt** A 5 und A 98 bis Lörrach, dann Richtung Stadtmitte / Burghof, parken im Parkhaus Burghof, 2 Gehminuten zum Dreiländermuseum | **Öffnungszeiten** Di – So 11 – 18 Uhr | **Tipp** Geschichte und viel Lokalkolorit bieten die themenspezifischen Stadterkundungen von Lörrach, zum Beispiel die Tour zu den Waschfrauen am Gewerbekanal mit Monika Haller (Programm unter www.loerrach.de).

69__Das Tabakmuseum

Klein Kuba am Oberrhein

Gut und vermeintlich Böse liegen manchmal erstaunlich nah beieinander. Während die klare Schwarzwaldluft so manchem Dorf im Südwesten das Prädikat »Heilklimatischer Luftkurort« bescherte, dreht sich ein paar Kilometer weiter alles um den blauen Dunst. Die Rheinebene war wegen ihres Klimas einmal das größte Tabakanbaugebiet Deutschlands, eine Art Kuba am Oberrhein. In den über 100 Fabriken fanden zu Spitzenzeiten mehr als 5.000 Menschen Arbeit. Der Beruf des Zigarrenmachers ernährte ganze Familien. Einen Einblick in das Gewerbe bietet das Oberrheinische Tabakmuseum in Mahlberg. Es wurde 1992 in einer ehemaligen Tabakfabrik eingerichtet und umfasst außerdem einen Tabaktrockenschopf sowie eine kleine Tabakplantage.

Der Parcours durch die vier Stockwerke führt in eine Welt, in der noch überall und jederzeit geraucht wurde, und zeigt eine Branche, auf die die Wirtschaft eines ganzen Landstrichs baute. Man erfährt, wie der Tabak angepflanzt, geerntet und verarbeitet wurde, und bekommt einen Eindruck vom Arbeitsalltag in den Manufakturen. Der Besucher wird in die Feinheiten von Zigarren, Schnupf- und Kautabak eingeweiht und lernt eine ungeahnte Fülle von Aufbewahrungsformen kennen. Im Schopf sind an der Decke die Tabakblätter in dichten langen Reihen zum Trocknen aufgefädelt. Darunter parken die kunstvoll verzierten historischen Tabakkutschen, mit denen einst die Kundschaft beliefert wurde.

Die Museumsmacher, ein rühriger Verein, ergänzten die Schau mit unzähligen, zum Teil witzigen und skurrilen Details. Schon allein die lohnen den Besuch. Dazu gehört eine wunderbare Sammlung alter Zigarrenbauchbinden, eine Fülle nostalgischer Werbeplakate und die längste Zigarette der Welt. Ein Extrabereich ist den besonders schrägen Devotionalien gewidmet, darunter die Pfeife von Herbert Wehner, Zigarren von Fidel Castro und Ludwig Erhard und eine Reyno-Schachtel von Helmut Schmidt.

Adresse Kirchstaße 4, 77972 Mahlberg | Anfahrt A 5, Ausfahrt Ettenheim, Richtung Orschweier, über die Hauptstraße in die Kirchstraße | Öffnungszeiten 1. Mai – 30. Sept. So, Feiertage 10 – 17 Uhr | Tipp Das malerische Mahlberger Schloss ist das Wahrzeichen des Städtchens. Einmal im Jahr, am Tag des offenen Denkmals, kann es besichtigt werden.

70_Der Historische Weinkeller

Trotten, Logele und dicke Fässer

Wo der Schwarzwald im Südwesten zur Rheinebene abfällt, beginnt ein Weinbaugebiet mit uralter Tradition. Schon die Römer bauten hier Reben an. Eines der neuzeitlichen Weinbauzentren der Region ist Müllheim. Das Städtchen gehört zu den zehn größten Weinbaugemeinden Baden-Württembergs. Direkt am Marktplatz sticht ein nach französischem Vorbild erbautes frühklassizistisches Stadtschlösschen ins Auge, das Blankenhorn-Palais. Hier wohnte und arbeitete der »Weinbauprofessor« Adolph Blankenhorn (1843–1906). Der Spross einer wohlhabenden Winzerdynastie war Gründer des ersten Önologie-Instituts in Deutschland. Durch seinen erfolgreichen Kampf gegen die existenzbedrohende Reblausplage war er zu Ruhm und Ehren gelangt. Die Umgestaltung seines Weinkellers in ein kleines Museum zum Thema Weinbau und Küferhandwerk hätte ihm womöglich gefallen.

Wer die ausgetretenen Steinstufen in das kühle Kellergewölbe hinabsteigt, unternimmt einen Ausflug in die Weinbaugeschichte des 18. und 19. Jahrhunderts im Markgräflerland. Es riecht nach Wein und Most. Auf dem mit groben Steinen gepflasterten Lehmboden ist eine riesige Holztrotte aufgebaut. Die mechanische Presse stammt aus dem Jahr 1743 und führt eindrucksvoll vor Augen, wie mit Muskelkraft um jedes Tröpfchen Rebensaft gerungen werden musste. Der Wein wurde damals ausschließlich in Fässern transportiert, und die konnten gut und gern 600 Liter fassen. Die speziell zu diesem Zweck konstruierten Weinwagen belieferten Händler und Gaststätten von Basel bis Karlsruhe. Der Kunst des Küfers ist ein weiterer Bereich des historischen Weinkellers gewidmet. Man erfährt, was ein Logele ist, nämlich ein kleines Fässchen, und steht staunend vor Unmengen verschiedener Hobel, Brenneisen, Sägen, Feilen und Zirkeln, die zum Equipment des Küfers gehörten. Sein Handwerk blühte einst in der Region, Müllheim hatte sogar eine eigene Küferfachschule.

Adresse Wilhelmstraße 7, 79379 Müllheim | **Anfahrt** A 5, Ausfahrt Müllheim, Richtung Stadtmitte, Östliche Allee, Parkplatz »Blankenhorn-Palais«, zu Fuß über die Marktstraße zur Wilhelmstraße | **Öffnungszeiten** Di–So 14–18 Uhr, Führungen unter www.markgraefler-museum.de | **Tipp** Rund um Müllhein dreht sich vieles um das Thema Wein. Im Ortsteil Zunzingen zeigt Deutschlands einziges Weinetikettenmuseum im Weingut Dr. Schneider exquisite, ausgefallene und witzige Kunstwerke, die eigens für die Flasche kreiert wurden (www.weingut-dr-schneider.de).

71 Das Markgräfler Museum

Die Badische Secession und die geächteten Maler

Der Blauen und immer wieder der Blauen. Schneebedeckt, wolkenverhangen, im Dunst oder im gleißenden Sonnenlicht. Wuchtig erhebt er sich aus den Rebbergen. Wohl kaum ein Gipfel im Südschwarzwald wurde von Emil Bizer (1881–1957) so oft gemalt. Das Motiv hat ihn über Jahre gefesselt, ähnlich wie Cézanne die Montagne Sainte-Victoire, und wie dieser hatte sich Bizer der modernen Malerei verschrieben. Sein Werk nimmt einen besonderen Platz in der Galerie des Markgräfler Museums in Müllheim ein und ist im Rahmen der Sammlung »Kunst am Südlichen Oberrhein« zu sehen. Bizer war Mitglied der Badischen Secession, jener Künstlervereinigung, die sich von der herkömmlichen Heimatmalerei ihrer Zeit absetzte. Auch Adolf Riedlin und Adolf Strübe gehörten dazu. Von ihnen werden ebenfalls Werke gezeigt.

Als die Badische Secession 1927 von Alexander Kanold und Karl Hofer in Freiburg gegründet wurde, war Bizer 46 Jahre alt und auf dem besten Weg, sich in der Kunstwelt einen Namen zu machen. Doch dann traf ihn der nationalsozialistische Terror, seine Bilder wurden geächtet und beschlagnahmt. Er musste heimlich malen, was einem Berufsverbot gleichkam. Arbeiten, die in dieser Zeit entstanden, sind gekennzeichnet durch die Farbtöne Grau und Weiß. Als der Nazispuk vorüber ist, wird Bizer 1946 Gründungsmitglied und Vorsitzender der neuen Badischen Secession. Seine Malerei hat sich verändert. Das Spätwerk zeigt einen klaren, abstrakten Stil. 1957 stirbt Bizer in Badenweiler, wo er seit 1912 lebte und mit den Schriftstellern Anette Kolb und André Schickele befreundet war. Heute verwaltet das Markgräfler Museum Bizers Nachlass und zeigt seine Werke neben der Dauerausstellung auch immer wieder im Rahmen von Sonderausstellungen. Das Haus ist aber bei Weitem nicht nur erste Adresse in Sachen Badischer Sezession, sondern präsentiert auf vier Etagen sehenswerte Kunst und Kulturschätze der gesamten Region.

Adresse Wilhelmstraße 7, 79379 Müllheim, www.markgraefler-museum.de | Anfahrt A 5, Ausfahrt Müllheim, Richtung Stadtmitte, Östliche Allee, Parkplatz »Blankenhorn-Palais«, zu Fuß über die Marktstraße zur Wilhelmstraße | Öffnungszeiten Di–So 14–18 Uhr, Führungen: Anfragen unter Tel. 07631/801520 | Tipp Entlang des Klemmbachs von Müllheim klapperten einst zahlreiche Mühlen. Die Frick-Mühle in der Gerbergasse wurde zum Museum umgebaut. Vorführungen geben von April bis Oktober jeden ersten Samstag und jeden dritten Sonntag im Monat von 15 bis 17 Uhr einen Einblick in das alte Müllerhandwerk.

72 Die Barockkirche St. Trudpert

Der Heilige mit der Axt und ein Kreuz im Banksafe

Als der irische Wandermönch Trudpert im 7. Jahrhundert ins Münstertal kam, hatte er sich viel vorgenommen. Er wollte die Alemannen christianisieren, die in den dunklen und dichten Wäldern lebten. Anfangs gelang ihm das wohl ganz gut. Er zeigte, wie man Getreide für Brot anbaut, ließ hierfür Wald roden und gründete eine kleine Niederlassung. Doch dann lief offensichtlich einiges schief. Der Legende nach wurde Trudpert von seinen eigenen Waldarbeitern erschlagen. Das machte ihn zum Märtyrer und später zum Heiligen. Seine Insignien sind die Axt oder der Baum. Bis heute wird er in der Region verehrt.

An Trudperts Wirkungsstätte gründeten 815 die Benediktiner ihr erstes Kloster rechts des Rheins. Die Standortwahl erwies sich als glücklich, denn in unmittelbarer Nähe befand sich ein Silberbergbaugebiet, das dem Kloster zu etlichem Reichtum verhelfen sollte. Allerdings weckten die Minen auch bei anderen Begehrlichkeiten, und so kam es, dass St. Trudpert mehrmals zerstört und immer wieder aufgebaut wurde. Als das Kloster 1737 neu gestaltet werden sollte, erhielt der Baumeister Peter Thumb den Auftrag. Die Anlage wurde nun größer und großzügiger, und in die Klosterkirche mit ihrem steil aufragenden Chor hielt der Barock Einzug. Nach diesem Vorbild soll Thumb später die Wallfahrtskirche Birnau gebaut haben.

Nach der Säkularisation wurde aus der Kloster- eine Pfarrkirche. Sehenswert sind unter anderem die Deckengemälde des Tessiner Freskenmalers Francesco Antonio Giorgioli und das große Missionskreuz mit einer ausdrucksstarken Christusfigur des Holzbildhauers Christoph Daniel Schenck. Ein ganz besonderer Kirchenschatz von St. Trudpert ist nur zu speziellen Gelegenheiten zu bewundern und liegt sonst im Banksafe. Es handelt sich um ein Vortragekreuz aus dem 12. Jahrhundert, das in der sogenannten Niello-Technik aus massivem Silber gefertigt wurde.

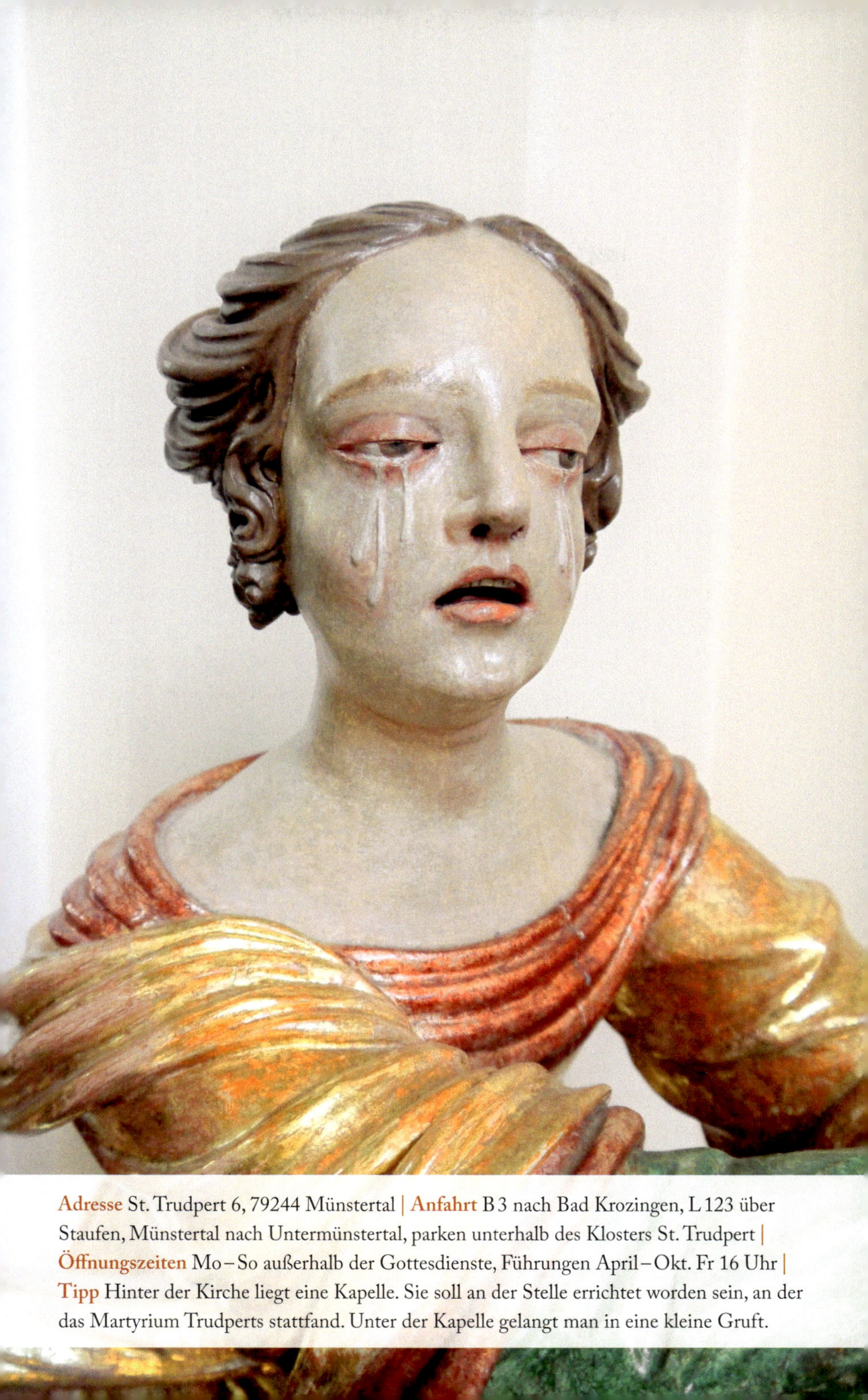

Adresse St. Trudpert 6, 79244 Münstertal | **Anfahrt** B 3 nach Bad Krozingen, L 123 über Staufen, Münstertal nach Untermünstertal, parken unterhalb des Klosters St. Trudpert | **Öffnungszeiten** Mo – So außerhalb der Gottesdienste, Führungen April – Okt. Fr 16 Uhr | **Tipp** Hinter der Kirche liegt eine Kapelle. Sie soll an der Stelle errichtet worden sein, an der das Martyrium Trudperts stattfand. Unter der Kapelle gelangt man in eine kleine Gruft.

73_Das Schloss Neuenbürg

Happy End für einen fürstlichen Wanderpokal

Die Begeisterung des jungen Herzogs Magnus hielt sich in Grenzen, als ihn sein Bruder, der regierende Herzog Johann Friedrich von Württemberg, 1617 mit Schloss Neuenbürg abfand. Trotz Umbau, der für Bequemlichkeit sorgen sollte, zog Magnus statt in die Schwarzwaldprovinz in den Krieg und ließ dort 1622 sein Leben. Das Schloss fiel in den Schoß der Familie zurück und stand leer. Gut 30 Jahre später wiederholte sich die Geschichte. Wieder sollte Neuenbürg einem württembergischen Herzog schmackhaft gemacht werden. Diesmal war es Ulrich, der Bruder von Herzog Eberhard III. Wieder wurde umgebaut und sogar ein weitläufiger Garten angelegt. Doch auch Ulrich zog das Leben auf dem Schlachtfeld vor und fand dort statt Ruhm und Ehre ebenfalls den Tod.

Nachdem das Schloss über Generationen so etwas wie ein fürstlicher Wanderpokal gewesen war, entschied der Landesherr, seinen chronisch verwaisten Besitz in ein Verwaltungszentrum umzufunktionieren. Zuerst zog das Forstamt ein, dann eine Art Vermögensamt und schließlich das Finanzamt. Damit war auf dem strategisch perfekt gelegenen Berg, auf dem schon Kelten gesiedelt hatten, ein kleines Behördenzentrum entstanden. Die Bevölkerung verirrte sich seit jeher ungern dorthin, was nicht nur am steilen Anstieg lag. Im Mittelalter schmälerten die Frondienste, etwa das Hochtragen von Wasser in trockenen Sommern, den Beliebtheitsgrad. Später waren das Forstgefängnis und – nun ja – das Finanzamt Anlass, das Schloss zu meiden.

Das hat sich gründlich geändert. Heute ist Neuenbürg ein Schloss voller Überraschungen, und der Besuch unbedingt empfehlenswert. Das hat zwei Gründe: Einer ist das »Kalte-Herz-Museum«, in dem das Märchen von Wilhelm Hauff und der Kulturraum Nordschwarzwald zum Erlebnis werden. Und im Anschluss bietet – Grund zwei – eine animierte Ausstellung einen unterhaltsamen Einblick in das Kommen und Gehen der Schlossherren.

Adresse Hintere Schlosssteige / Schloss, 75305 Neuenbürg | Anfahrt A 8, Ausfahrt Pforzheim, dann auf der B 294 bis Neuenbürg. Im Ortskern der Beschilderung Richtung Schloss folgen. Alternative: Parken in der Rathausstraße und zu Fuß zum Schloss gehen. Der Weg beginnt hinter der evangelischen Kirche. | Öffnungszeiten Mi – Sa 13 – 18 Uhr, So, Feiertage 10 – 18 Uhr. Winterpause: 7. Jan. – 1. Märzwochenende | Tipp Das Eisenerz, das rund um Neuenbürg abgebaut wurde, war hoch begehrt. An die mehr als 2.500 Jahre alte Bergbautradition erinnert das Besucherbergwerk »Frischglück« (Termine für Führungen unter www.frischglueck.de).

74 Die Klosterbibliothek

Dornröschenschlaf in der Speisekammer

Es gibt viele Orte, an denen Schätze schlummern. Am Meeresboden, unter der Erde, in Höhlen, auf einsamen Inseln. Manche Schätze sind allerdings dort verborgen, wo man sie am wenigsten vermutet. Zum Beispiel in der Speisekammer.

Im ehemaligen Wilhelmitenkloster von Oberried entdeckte man hier Anfang der 1990er Jahre die längst verschollen geglaubte Bibliothek der Mönche. Wertvolle Bände aus fünf Jahrhunderten. Darunter Wiegendrucke (Inkunabeln) aus den Anfangsjahren des Buchdrucks, etwa eine Bibelausgabe von 1487, das prächtig illustrierte Geschichtswerk »Theatrum Europaeum« von Matthäus Merian oder die legendäre »Historia Nigrae Silvae«, die »Geschichte des Schwarzwaldes« von Martin Gerbert, Fürstabt des Klosters St. Blasien. Und weil sich innerhalb der Klostermauern auch ein prächtiger Kräutergarten befindet, ist man auf das opulent bebilderte Heilkräuterbuch aus dem Jahr 1602 mit dem Titel »Newe außgerüßte Deutsche Apothek« besonders stolz.

Rund 350 Bände umfasst die Sammlung, die von einem Förderverein betreut wird. Ihr Weg in die Speisekammer war einigermaßen abenteuerlich und offenbar turbulenten Zeiten geschuldet. Von den Wilhelmiten stammen die Bücher nicht, denn die wenigen Mönche des 1252 gegründeten kleinen Klosters in Oberried waren mehr mit dem Überleben im rauen Schwarzwald in politisch turbulenten Zeiten beschäftigt als mit geistiger Erbauung. Das änderte sich 1724, als die Benediktiner von St. Blasien das mittlerweile heruntergekommene Wilhelmitenkloster als Priorat übernahmen. Die neuen Patres nutzten es als Rückzugsort für ihre wissenschaftlichen Studien. So kamen die Bücher nach Oberried. Napoleon machte dieser Blütezeit 1806 mit der Säkularisation ein Ende. Das Kloster wurde aufgelöst, das Inventar in alle Winde verstreut. Bis auf die Bibliothek, die in der Speisekammer für fast 200 Jahre in einen rettenden Dornröschenschlaf versinken durfte.

Adresse Klosterplatz 3, 79254 Oberried | Anfahrt B 31 bis Kirchzarten, L 126 bis Oberried, bei der Apotheke links abbiegen zum Klosterplatz | Öffnungszeiten Führungen durch Bibliothek und Kirche unter www.klosterbibliothek-oberried.de | Tipp Direkt neben dem ehemaligen Kloster findet jeden Freitag von 15 bis 18 Uhr ein bunter Bauernmarkt statt, der von einem üppigen Kaffee- und Kuchenbüfett flankiert wird.

75 Das Museums-Bergwerk

Grubenhunte, Hebammen und ein kalter Lufthauch

Platzangst sollte man bei dieser Expedition nicht haben, und in puncto Outfit darf es ruhig etwas Strapazierfähiges aus der vorletzten Saison sein. Denn wer aus dem Museums-Bergwerk zurückkommt, wird Spuren tragen, die von einem handfesten Abenteuer künden. Den Hausberg von Freiburg durchzieht ein Labyrinth von Stollen und Gängen. Auf der Suche nach Silber- und Bleierzen quälten sich die Bergleute vom Spätmittelalter bis Mitte des 20. Jahrhunderts durch den harten Fels. Dank der Forschungsgruppe Steiber wurde das Bergwerk vor dem Vergessen bewahrt. Heute steht es unter Denkmalschutz und lässt Bergbaugeschichte lebendig werden.

Der Einstieg mutet noch ganz gemütlich an. Ausgerüstet mit Schutzhelm, Grubenlampe und Arbeitshandschuhen, geht es in einen breiten Stollen. Doch schon nach wenigen Metern gähnt ein tiefschwarzes Loch, aus dem ein kalter Lufthauch weht. Eine Leiter ragt heraus. »Das darf jetzt nicht wahr sein«, ist der erste Gedanke. Es ist aber wahr. Wir sind jetzt Bergleute und steigen hinab ins feuchtkalte Dunkel, umklammern Sprosse um Sprosse, dankbar für die stabilen Handschuhe und das funzelige Licht an der Stirn.

Bereits vor über 500 Jahren wurden diese Schächte mit Hammer, Meißel und bloßer Muskelkraft aus dem Fels herausgeschlagen. Eine Tonne Gneis ergab etwa ein Kilo Silber, die Bergleute mühten sich dafür sechs Tage. Mit ihrer schweißtreibenden Arbeit begründeten sie den Wohlstand Freiburgs. Die Stadt hatte Münzrecht, und die Freiburger Silberrappen sorgten im 13. und 14. Jahrhundert für ein kleines Wirtschaftswunder im Breisgau. Wer dem Stollen wieder entsteigt, freut sich über Tageslicht. Vor allem aber hat er jetzt einiges über die Bergbaugeschichte im Schwarzwald intus. Er weiß, was Grubenhunte sind (nämlich Förderwagen) und wie Hebammen und Schulkinder im Winter, statt durch den Schnee zu gehen, den direkten Weg durch den Berg nahmen.

Adresse Schauinslandstraße 390, 79254 Oberried-Hofsgrund | Anfahrt von Freiburg über Günterstal zum Schauinsland, parken an der L 124, dann 15-minütiger Fußweg zum Museums-Bergwerk | Öffnungszeiten 1. Mai–1. Nov., Führungen unter www.schauinsland.de | Tipp Zu einem Gesamterlebnis wird der Ausflug, wenn man mit der Seilbahn auf den Schauinsland fährt. Die Talstation befindet sich in der Bohrerstraße 11 in Horben. Fahrplan unter www.schauinslandbahn.de.

76_Das MiMa Museum

Schwarzwaldjuwelen und Mathe

Wohl kaum ein Schulfach polarisiert so sehr wie Mathematik. So mancher wird selbst Jahre nach dem bestandenen Abi noch von Mathe-Alpträumen aus dem Schlaf gerissen. In diesem Fall wäre die Zeit eigentlich reif für einen Besuch im MiMa in Oberwolfach. Zur Traumatherapie gleichsam. Das Mineralien- und Mathematikmuseum zeigt das vermeintliche Problemfach in einem versöhnlichen Licht. Es entlässt den Besucher mit der Erkenntnis, dass Mathematik und Schönheit sehr eng zusammenhängen und dass das nichts mit der Mathelehrerin zu tun hat. Das in dieser Form einmalige Museum gründet sich auf die Zusammenarbeit des Vereins der Freunde von Mineralien und Bergbau mit dem Mathematischen Forschungsinstitut Oberwolfach, Mitglied der renommierten Leibniz-Gemeinschaft. Es verbindet das Ebenmaß der Mineralien mit dem Wissen der Mathematik und macht beides zum Erlebnis.

Die Schätze lagen einst fast direkt vor der Haustür des Museums, das in einem restaurierten Fachwerkhaus aus dem Jahr 1767 untergebracht ist. Achat, Aquamarin, Granat, Jaspis, Hämatit, all diese Schwarzwaldjuwelen wurden in der näheren und weiteren Umgebung abgebaut. Die Ausstellung zeigt Fundstücke aus dem gesamten Schwarzwald, darunter Fluorit- und Barytkristalle, aber auch Münzen aus Silber vom Schauinsland und aus Rheingold. Baryt wird in der Grube Clara in Oberwolfach noch heute abgebaut. Man benötigt das Mineral zur Schalldämmung in der Automobilindustrie.

Der Brückenschlag zur Mathematik findet im Obergeschoss der Ausstellung statt. Interaktive Simulationen lassen das Prinzip der Symmetrie, das Kristalle im Innersten zusammenhält, hautnah erleben. Man kann selbst mit mathematisch-physikalischen Phänomenen experimentieren, einen 3-D-Flug durch die Atomstrukturen von Kristallen unternehmen oder mit wenigen Grundmustern immer neue Ornamente bilden. Das begeistert sogar die jüngsten Besucher.

Adresse Schulstraße 5, 77709 Oberwolfach | **Anfahrt** A 5, Ausfahrt Lahr, dann über Haslach, Hausen, Wolfach nach Oberwolfach, von der Allmendstraße rechts in die Schulstraße | **Öffnungszeiten** 1.–7. Jan., 26. März–4. Nov. Mo–So 11–17 Uhr, 8. Jan.–25. März, 16.–23. Dez., 26.–30. Dez. Mo–So 11–16 Uhr, 5. Nov.–15. Dez., 24., 25. und 31. Dez. geschlossen | **Tipp** Wem nun der Sinn eher nach Bewegung steht, kann die Grube Wenzel besuchen, ein historisches Silberbergwerk in Oberwolfach (www.oberwolfach.de).

77_Das Hotel Liberty

Schöner wohnen im Knast

Alle waren sie hier. Revolutionäre, Freiheitskämpfer, Attentäter, Hochstapler. Doch freiwillig kam keiner. Ganz anders als heute. Denn das ehemalige Gefängnis von Offenburg hat ein Upgrade zum Hotel der Luxusklasse erfahren und ist nun Ziel für Reisende, die außergewöhnliches Ambiente suchen. Behutsam und mit Respekt vor der Geschichte wurde das 1843 bis 1849 nach den Plänen des Architekten Heinrich Hübsch erbaute Gefängnis zum Designhotel umgebaut.

Das Ambiente davor war, dem Anlass entsprechend, spartanisch: dunkle Zellen, Stockbetten aus Eisen, Toilette im Wandschrank, schwere Türen mit dicken Vorhängeschlössern, wer hier einsaß, konnte von Luxus nur noch träumen. Dabei stellte das von Großherzog Leopold von Baden in Auftrag gegebene Gefängnis einst einen Fortschritt im Strafvollzug dar, denn bis dato vegetierten die Gefangenen noch in finsteren Verliesen. Der Plan von Hübsch war die Vorlage für sämtliche Amtsgefängnis-Neubauten in Baden. Als Vorbild diente das legendäre US-Gefängnis Eastern State Penitentiary in Philadelphia, das später auch Al Capone Logis gewährte. Der Start des neuen Amtsgefängnisses war unrühmlich. Zu den ersten Insassen zählten politische Gefangene, darunter badische Revolutionäre, die mit Friedrich Hecker gekämpft hatten. Unter Bismarck landeten dann viele Sozialdemokraten hinter Schloss und Riegel. Während des Naziregimes wurden im Offenburger Gefängnis Kommunisten und Juden festgehalten und grausam gedemütigt. Ein dunkles Kapitel.

Nach dem Krieg war es Untersuchungsgefängnis und machte durch kriminelle Prominenz von sich reden, darunter der Mann, der 1990 das Attentat auf Wolfgang Schäuble verübt hatte, und der Flowtex-Chef Schmider, der nicht existente Hightech-Bohrmaschinen verkauft hatte. Heute wird im Ex-Gefängnis »Freiheit neu definiert«, und das Restaurant »Wasser und Brot« überrascht mit einer ambitionierten Speisekarte.

Adresse Grabenallee 8, 77652 Offenburg | Anfahrt A 5, Ausfahrt Offenburg, B 33a/ B 33 Richtung Stadtmitte bis zur Grabenallee | Öffnungszeiten Restaurant: Mo–So 11.30–22 Uhr, Bar: Mo–So 17–1 Uhr | Tipp Auf dem Platz vor dem historischen Rathaus versammelten sich 1848/49 zigtausend Menschen, um den flammenden Reden der badischen Revolutionsführer Friedrich Hecker und Gustav Struve zu lauschen.

78 Der Salmen

Herzkammer der Badischen Revolution

Hier stand er also. Von dieser Empore im Wirtshaussaal des Salmen in Offenburg verkündete Friedrich Hecker am 12. September 1847 vor begeistertem Publikum die Forderungen des Volkes von Baden. Darunter die Abschaffung der Adelsprivilegien, Bildung für alle, gerechte Steuern, Pressefreiheit, Versammlungsfreiheit, Ausgleich der Missverhältnisse zwischen Arbeit und Kapital. Der Saal tobte. 900 Bürgerinnen und Bürger drängten sich, um Hecker und seinen Weggefährten Gustav Struve zu hören. Der Großherzog im Karlsruher Schloss hat seine Botschaft weniger gern gehört, denn das »Offenburger Programm« war nicht nur der erste Grundrechtekatalog Deutschlands, sondern auch der Startschuss für die Badische Revolution 1848/49. Ziel des legendären Heckerzugs war der Sturz des Großherzogs und die Ausrufung der Republik. Die Monarchie schlug mit aller Härte zurück. Viele der Revolutionäre fanden sich im Offenburger Gefängnis wieder oder mussten – wie Hecker – emigrieren.

Das geschichtsträchtige Wirtshaus in der historischen Altstadt von Offenburg hat eine Vergangenheit, die eng mit der deutschen Geschichte verknüpft ist. 26 Jahre nach der Niederschlagung der Revolution erwarb die jüdische Gemeinde von Offenburg den Salmen und nutzte ihn als Synagoge. Das Gebäude wurde Zentrum des religiösen und kulturellen Gemeindelebens. In der Nacht vom 9. auf den 10. November 1938 zerstörten die Nationalsozialisten gemeinsam mit Offenburger Bürgern das Gebetshaus. Für fast fünf Jahrzehnte versank der Salmen mehr oder weniger in der Bedeutungslosigkeit. Bis 1997 in ganz Baden Feiern zum 150. Jahrestag der Revolution organisiert wurden. Jetzt erinnerte man sich an den Auftritt Heckers und auch an die Synagoge. Seit 1999 ist der Salmen ein Kulturdenkmal von nationaler Bedeutung und vielseitig genutzter Veranstaltungsort. Der ehemaligen jüdischen Gemeinde ist hier eine Ausstellung gewidmet.

Adresse Lange Straße 52, 77652 Offenburg | Anfahrt A 5, Ausfahrt Offenburg, B 33a/B 33 Richtung Stadtmitte, von der Grabenallee links in die Lange Straße | Öffnungszeiten zu Veranstaltungen und im Rahmen von Führungen, Termine unter www.offenburg.de | Tipp Die Offenburger Stadtgeschichte ist Thema im Museum im Ritterhaus in der Ritterstraße 10 (Di–So 10–17 Uhr).

79 Das Schmuckmuseum

Meilensteine, Edelsteine und edle Metalle

Als Besucher des Schmuckmuseums ist man hin- und hergerissen. Was ist faszinierender: die Präsentation von 5.000 Jahren Schmuckkunst? Oder das Gebäude selbst, mit dem der Architekt Manfred Lehmbruck einen ästhetischen Meilenstein in der deutschen Nachkriegsarchitektur setzte? Beginnen wir mit dem Schmuck. Rund 2.000 Exponate spannen den Bogen von der Antike über die verschiedenen Epochen und Stile bis in die Moderne mit ihren zeitgenössischen Interpretationen und ausgefallenen Materialien.

Die einzigartige historische Sammlung reicht zurück bis ins dritte Jahrtausend v. Chr., als Kunstschöpfungen von magischem Denken beeinflusst waren. Fruchtbarkeitssymbole, Jagdzauber oder die Abwehr von bösen Geistern waren die Themen der Gold-, Silber- und Bronzeschmiede. Das älteste Stück zeigt ein unglaublich fein gearbeitetes goldenes Ohrgehänge in Ährenform. Es stammt aus der Gegend von Troja und wird auf die Zeit zwischen 2400 bis 2200 v. Chr. datiert. Die Sammlung moderner Schmuckkunst des Museums gehört zu den umfangreichsten überhaupt. Sie demonstriert das neue Selbstverständnis der Kunstschmiede, deren Arbeiten oft als Kunstobjekte für sich stehen.

Der Beginn der Sammlung fällt 1961 zusammen mit der Einweihung des Museums, des Reuchlinhauses. Es ist benannt nach dem 1455 in Pforzheim geborenen Gelehrten Johannes Reuchlin. Der Architekt Manfred Lehmbruck erzielte mit dem zeitlosen Bau seinen internationalen Durchbruch. Geprägt wird der Komplex durch raffiniert angeordnete Kuben, die sich in den am Flüsschen Enz gelegenen Stadtpark einfügen. Das Zentrum bildet die lichtdurchflutete Eingangshalle mit einer kreisrunden Wendeltreppe und riesigen Glaswänden, die das Gebäude optisch zum Park öffnen. Sowohl Konstruktionselemente als auch Kombination unterschiedlichster Materialien zeigen den Einfluss Ludwig Mies van der Rohes, der Lehmbruck ein väterlicher Freund war.

Adresse Jahnstraße 42, 75173 Pforzheim | Anfahrt B 463 Richtung Zentrum und der Beschilderung »Schmuckmuseum« folgen | Tipp Der Alfons-Kern-Turm in der Theaterstraße 21 wird seit 2010 von der jungen Pforzheimer Designszene als Raum für Ausstellungen und Projekte genutzt. Auf seiner Südseite befindet sich eine denkmalgeschützte Sonnenuhr.

80_Das Technische Museum

Die Geburtsstunde der Goldstadt

Was ist eigentlich ein Guillocheur? Eine Polisseuse? Oder ein Fasser? Ein Besuch im Technischen Museum von Pforzheim kann Antworten liefern. Es ist in der ehemaligen Schmuckfabrik Kollmar & Jourdan untergebracht, einem imposanten Jugendstilbau mit einer Fassade aus glasierten Ziegeln. In der Werkhalle zeigen Experten ihr Handwerk an den Originalmaschinen und geben einen Live-Einblick in eine Branche, die Pforzheim zur Goldstadt machte.

Den Grundstein legte 1768 der Markgraf Karl Friedrich von Baden. Er erteilte dem aus Frankreich stammenden Uhrenfabrikanten Jean Francois Autran, dessen Name auf hugenottische Herkunft schließen lässt, die Erlaubnis, im örtlichen Zucht- und Waisenhaus eine staatliche Manufaktur für Taschenuhren und später für Schmuck zu gründen. Kinderarbeit war die Basis für einen Industriezweig, der über 250 Jahre die Stadt prägen sollte. Allerdings wurde den jungen Arbeitern auch staatlich finanzierter Unterricht zum Beispiel im Zeichnen zuteil. Zudem konnten sie eine Ausbildung im Betrieb machen und damit das Nachwuchsproblem der Branche lösen.

Aus einem Waisenhaus heraus entstand so die älteste Gewerbeschule Deutschlands. Dass bis heute in der Schmuck- und Uhrenindustrie französische Fachbegriffe gebräuchlich sind, geht auf Francois Autran zurück: Der Guillocheur versteht die Kunst des maschinellen Gravierens feiner Ornamente, und eine Polisseuse ist zuständig für das maschinelle Reinigen der fertigen Schmuckstücke.

Die 1930er Jahre markierten die Blütezeit der Schmuckindustrie, die fast der Hälfte der Bevölkerung einen Arbeitsplatz bot. Und obwohl die Branche inzwischen ihre Vorrangstellung längst nach Fernost abgeben musste, kommen immer noch über 50 Prozent des in Deutschland hergestellten Schmucks aus der Region Pforzheim. Als Ausbildungszentrum der Schmuckdesigner genießt die Stadt nach wie vor international einen guten Ruf.

Adresse Bleichstraße 81, 75173 Pforzheim | **Anfahrt** B 463 in Richtung Zentrum, dann der Beschilderung »Technisches Museum« folgen | **Öffnungszeiten** Mi–Sa 14–17 Uhr, So 10–17 Uhr, www.technisches museum.de | **Tipp** Der Gasometer im Hohwiesenweg 6 ist ein weiteres Industriedenkmal. Er hat eine Besucherplattform auf 15 Metern Höhe.

81 Das Residenzschloss

Der Prachtbau des Türkenlouis

Stuck und Deckenfresken, leuchtende Lüster, raffinierte Intarsien, wertvolle Wandteppiche, Schlachtengemälde mit ineinander verkeilten Leibern und im Treppenhaus ein überlebensgroßer goldener Jupiter, der dem Besucher seine Blitze entgegenschleudert: So präsentiert sich das Rastatter Schloss, die älteste Barockresidenz am Oberrhein und ein Paradebeispiel absolutistischer Prachtentfaltung nach Versailler und Schönbrunner Art. Der Bauherr Ludwig Wilhelm Markgraf von Baden-Baden wollte damit der Welt zeigen, wer er war. Nämlich der Türkenlouis, der gefeierte Feldherr, der 1691 für Kaiser Leopold I. einen entscheidenden Sieg über die osmanischen Truppen errungen hatte.

Ursprünglich sollte es nur ein Jagdschloss werden. Doch dann kam einiges an Enttäuschung zusammen. Zum einen hatte der Kaiser die militärischen Erfolge seines Türkenlouis recht knausrig honoriert. Statt der erhofften Ernennung zum Kurfürsten gab es nur den Titel »Generalleutnant«. Zum anderen tobte, während der Markgraf für den Habsburger Kaiser über 20 Schlachten schlug, zu Hause der Pfälzische Erbfolgekrieg. Die französischen Truppen seines Paten Ludwigs XIV. verwüsteten sein Land und brannten seinen Stammsitz in Baden-Baden nieder. Deshalb brauchte Ludwig Wilhelm eine neue Residenz, und er entschied sich, diese anstatt eines Jagdschlosses in Rastatt zu bauen. Womöglich dachte er dabei an Colbert, den Finanzminister Ludwigs XIV., für den sich die Größe eines Fürsten in glänzenden Kriegstaten und in Bauwerken manifestierte. In diesem Sinne schuf der italienische Architekt Domenico Egidio Rossi mit der monumentalen dreiflügeligen Anlage den perfekten Repräsentationsbau. Lange konnte sich der Markgraf nicht an seiner neuen Bleibe erfreuen. 1705 bezog er sein Schloss, bereits zwei Jahre später starb er. Bis zur Volljährigkeit des Thronfolgers regierte nun seine 20 Jahre jüngere Ehefrau Sibylla Augusta.

Adresse Herrenstraße 18–20, 76437 Rastatt | Anfahrt A 5, Ausfahrt Rastatt, Richtung Stadtmitte, dem Wegweiser Residenzschloss folgen, Parkmöglichkeit direkt vor dem Schloss | Öffnungszeiten 1. April–31. Okt. Di–So 10–17 Uhr; 1. Nov.–31. März Di–So 10–16 Uhr | Tipp Ein Rundgang durch Rastatt ist mit barocken Sehenswürdigkeiten gespickt, darunter die Pagodenburg im Kapellenweg 34. Der 1722 erbaute Pavillon diente den markgräflichen Sprösslingen als Spielhaus und deren Mama Sibylla Augusta als Teehaus. Heute wird er vom örtlichen Kunstverein genutzt (Führungen unter www.rastatt.de).

82__Das Schloss Favorite

Lustschloss einer kühlen Rechnerin

Abgeschieden im Hinterland von Baden-Baden liegt ein verstecktes Juwel barocker Baukunst. Markgräfin Sibylla Augusta von Baden-Baden (1675–1733) ließ sich das Schloss Favorite nach dem Ableben ihres Ehemannes, Ludwig Wilhelm, genannt Türkenlouis, bauen. Regiert wurde in der Residenz in Rastatt, auf Favorite wurde gefeiert. Die fast originalgetreu erhaltene Anlage inmitten des idyllischen Parks war ein reines Lustschloss. Die exquisite Porzellansammlung ist europaweit einmalig, weshalb Favorite auch Porzellanschloss genannt wird. Die ältesten Stücke stammen aus der Ming-Dynastie, weitere Preziosen zeugen von den Anfängen der Porzellanmanufaktur Meißen, für die Sibylla Augusta eine Schwäche hatte.

Wie konnte sich eine frischgebackene Witwe, deren Land nach zahlreichen Kriegen verschuldet und verwüstet daniederlag, solchen Luxus leisten? Der monumentale Regierungssitz in Rastatt war gerade bezugsfertig, da begannen bereits die Arbeiten für das Lustschloss. Sibylla Augusta, die bis zur Volljährigkeit ihres Sohnes regierte, gelang ein Kunststück. Sie schnürte ein strenges Sparpaket und entließ sogar einen Teil ihres Hofstaats. Und sie verknüpfte ihre Leidenschaft fürs Bauen mit einer Art Konjunkturprogramm, indem sie auf Handwerker und Werkstoffe aus ihrer Umgebung zurückgriff, was billiger war. So besteht die Fassade von Favorite aus Kieselsteinchen aus der Murg.

Doch Sibylla Augusta hatte ein Problem. In zwölf Jahren Ehe hatte sie zwar neun Kinder zur Welt gebracht. Aber nur drei überlebten. Thronfolger war Ludwig Georg. Um die Chancen auf männliche Enkel zu erhöhen, ließ die streng katholische Sibylla Augusta sein Schlafzimmer mit allerlei »heidnischen« Fruchtbarkeitssymbolen tapezieren. Es half alles nichts. Als Ludwig Georg 1771 ohne männliche Nachkommen starb, fiel das Haus Baden-Baden an die ungeliebte Verwandtschaft der protestantischen Linie Baden-Durlach.

Adresse Am Schloss Favorite 5, 76437 Rastatt-Förch | **Anfahrt** A 5, Ausfahrt Rastatt-Süd, dann auf der B 3 und der K 711 bis Rastatt-Förch, dann auf der Favoritestraße bis zum Parkplatz »Am Schloss Favorite« | **Öffnungszeiten** Schloss: 15. März–30. Sept. Di–So, Feiertage 10–18 Uhr; 1. Okt.–15. Nov. Di–So 10–17 Uhr, Besichtigung nur mit Führung, Schlossgarten durchgehend geöffnet | **Tipp** Sehenswert ist die etwas versteckt im Park liegende Eremitage. Sie vermittelt einen Eindruck von der Frömmigkeit Sibylla Augustas.

83 Das Simplicissimus-Haus

Der Bürgermeister schreibt Weltliteratur

Wer war dieser Mann? Einsiedler, Söldner, Hofnarr, Quacksalber, Ratsschreiber, Burgvogt und Gastwirt. Eine verrückte und bisweilen auch lückenhafte Biografie. Sicher ist, dass Johann Jakob Christoffel von Grimmelshausen, vermutlich 1621 geboren, von 1667 bis 1676 Bürgermeister von Renchen war und in dieser Zeit ein literarisches Werk veröffentlichte, das ihn weltberühmt machen sollte. Er war der bedeutendste deutsche Erzähler des 17. Jahrhunderts und Autor des 1668 erschienenen »Simplicius Simplicissimus«, einer ungeheuerlichen, vermutlich autobiografischen und im Ton ironisch anmutenden Schilderung der Grauen des Dreißigjährigen Krieges. Dies ist der erste deutsche Roman von Weltgeltung. Weitere Schriften Grimmelshausens sind »Courasche«, »Springinsfeld« und »Wunderbarliches Vogelnest«. Sein Werk inspirierte Autoren wie Thomas Mann, Bertolt Brecht und Günter Grass. Grimmelshausen starb 1676, erst 200 Jahre später wurde sein Simplicissimus wiederentdeckt.

Anlässlich des 350. Jahrestages des Westfälischen Friedens, der den Dreißigjährigen Krieg beendete, wurde in Renchen das Simplicissimus-Haus eröffnet. Es liegt direkt neben dem Rathaus, das dem agilen Schultes fast zehn Jahre als Amtssitz diente. Schon von Weitem weist die auf der Mitte des Rathausplatzes errichtete Bronzestatue von Giacomo Manzù den Weg zum Museum. Sie zeigt den »Jäger von Soest«, eine Figur aus dem berühmten Abenteuerroman. Das Simplicissimus-Haus ist das erste Literaturmuseum, das vor Augen führt, wie stark das Werk Grimmelshausens die Kunst beeinflusste. Zugleich konfrontiert es den Besucher mit einem faszinierenden Brückenschlag vom Barock bis zur Moderne und unterstreicht damit die Zeitlosigkeit Grimmelshausens.

Getragen wird die Einrichtung vom Simplicissimus-Verein, der auch Lesungen und Ausstellungen organisiert. Die Stiftung Grimmelshausen-Archiv trägt zum Unterhalt bei.

Adresse Hauptstraße 59, 77871 Renchen | **Anfahrt** A 5, Ausfahrt Kehl, Richtung Appenweier, dann auf der B 3 nach Renchen und geradeaus in die Hauptstraße | **Öffnungszeiten** So 15–17 Uhr, Veranstaltungen unter www.simplicissimushaus.de | **Tipp** Grimmelshausen ist in Renchen omnipräsent. In der Hauptstraße nur wenige Meter vom Museum entfernt zeigt eine Bronzestatue den Simplicissimus als gelehrigen Schüler eines ziemlich teuflisch anmutenden Fabelwesens. Und an der Nordseite der Kirche verweist ein Gedenkstein auf die Stelle, an der sein Grab vermutet wird.

84 Das Münster Schwarzach

Romanische Basilika vom Feinsten

Massiv zeichnet sich die Kirche des ehemaligen Benediktinerklosters am Rande des 2.000-Seelen-Dorfes Schwarzach von dem Flickenteppich der Felder und Wiesen ab. Die Dimensionen legen nahe, dass es sich um eine stattliche Klosteranlage gehandelt haben muss. Obwohl vom alten Glanz nur die dreischiffige romanische Säulenbasilika, ein Wirtschaftsgebäude und ein prächtiger barocker Torbogen übrig geblieben sind, gehört das Münster von Schwarzach heute zu den herausragenden Kulturstätten Baden-Württembergs. Die einstige Abteikirche St. Peter und Paul ist eine der ältesten Benediktinerabteien am Oberrhein und zählt zu den bedeutendsten romanischen Kirchenbauten der Erzdiözese Freiburg. Das Innere beeindruckt unter anderem durch imposante Säulen mit auffallend farbenfroh bemalten Kapitellen.

Gegründet wurde das Kloster Mitte des 8. Jahrhunderts von einem irisch-schottischen Wandermönch namens Pirmin, der von der katholischen Kirche als Heiliger verehrt wird. Aufgabe der Wandermönche war es, die Christianisierung im Karolingerreich voranzubringen. Über die erste Blütezeit des Klosters existieren kaum Quellen, sicher ist lediglich, dass es über respektablen Grundbesitz verfügte. Der machte die wohlhabende Abtei zum beliebten Handelsgut. Über Jahrhunderte wurde die Benediktinerabtei immer wieder verschenkt, verkauft oder einfach vereinnahmt, und alle Besitzer wollten möglichst viel Gewinn damit machen. Hinzu kamen zahlreiche Kriege, die verheerende Schäden hinterließen. Eine neue Blütezeit begann im 18. Jahrhundert, als die Anlage nach den Plänen von Peter Thumb im Stil des Barock erneuert und erweitert wurde. Die Säkularisierung 1803 brachte das Aus. Das Kloster wurde aufgelöst, die Mönche mussten gehen, und wertvolle Kulturschätze gingen verloren. Der Besitz fiel an den Landesherrn in Karlsruhe, der ihn gut gebrauchen konnte. Was mit den Juwelen geschah, erfahren Sie bei Ort 58.

Adresse Klosterhof 10, 77836 Rheinmünster-Schwarzach | **Anfahrt** A5, Ausfahrt Bühl, L85 über Bühlertal, Rheinmünster bis Schwarzach, im Ort links in die Münsterstraße abbiegen | **Öffnungszeiten** tagsüber geöffnet | **Tipp** Die Geschichte des Klosters dokumentiert eine Ausstellung in einem Anbau an die Kirche. Von der Abtei blieben ein barocker Torbogen und das Beinhaus erhalten. Kulturelle Höhepunkte sind die Münsterkonzerte (Programm unter www.vhs-landkreis-rastatt.de).

85 Die Kunsthalle Messmer

Picasso in der Schwenkhalle

Der Gebäudekomplex ist nicht zu übersehen. Wer auf der A5 an Riegel vorbeifährt, hat die an dem Flüsschen Elz gelegene Anlage sofort im Blick. Was wie eine Mischung zwischen Märchenschloss und Fabrikhalle aussieht, ist die ehemalige Riegeler Brauerei: ein Brauereischloss mit neobarocken Elementen, das 1876 erbaut und 2002 stillgelegt wurde. Das Bier mit dem tannenumkränzten Logo wird inzwischen in Donaueschingen gebraut. Das Brauereigebäude ist ein Industriedenkmal und beherbergt schicke Lofts, Büros und die Kunsthalle Messmer. Seit 2009 macht diese mit Ausstellungen zur Klassischen Moderne und zeitgenössischen Kunst auf sich aufmerksam.

Das Herz der Kunsthalle schlägt in der ehemaligen Schwenkhalle, die eine unkonventionelle Atmosphäre für die Inszenierung der Werke schafft. Wo die Riegeler Mitarbeiter einst die Bierfässer reinigten, wurden bereits große Namen präsentiert. Hinter alldem steht die Messmer Foundation, die 2005 von dem Sammler Jürgen Messmer als gemeinnützige Stiftung ins Leben gerufen wurde. Innerhalb weniger Jahre schaffte es die Einrichtung, sich einen internationalen Ruf zu erarbeiten. Die Sammlung Messmer umfasst unter anderem Werke von Max Bill, Georges Braque, Otto Dix, André Evard, Günter Fruhtrunk, François Morellet, A.R. Penck, Pablo Picasso und Victor Vasarely. Ergänzt durch Leihgaben, werden sie in wechselnden Ausstellungen gezeigt. Rund 900 Quadratmeter stehen hierfür zur Verfügung, 850 Quadratmeter misst der Skulpturengarten vor der Kunsthalle. Neben Einzelausstellungen werden immer wieder groß angelegte Gruppenausstellungen zu bestimmten Themenkomplexen konzipiert. Zur Förderung der Kunst schreibt die Messmer Foundation regelmäßig den Internationalen André-Evard-Preis für konkret-konstruktive Kunst aus, der sich an Gegenwartskünstler richtet. Das Finale ist eine Ausstellung mit den nominierten Künstlern.

Adresse Großherzog-Leopold-Platz 1, 79359 Riegel | **Anfahrt** A 5, Ausfahrt Riegel, Richtung Ortsmitte, dann der Ausschilderung zur Kunsthalle folgen | **Öffnungszeiten** Di–So 10–17 Uhr, öffentliche Führung jeden 2. Mittwoch im Monat 17 Uhr | **Tipp** Die Michaelskapelle thront oberhalb der Kunsthalle auf dem Michaelsberg. Sie entstand Ende des 13. Jahrhunderts und ist das Wahrzeichen von Riegel.

86 Der Mithras-Tempel

Geheime Riten und Stierblut

Im 2. Jahrhundert n. Chr. war die römische Siedlung Rigola die Verwaltungshauptstadt über das rechtsrheinische Gebiet am Oberrhein, das heute als Breisgau bezeichnet wird. Den Aufstieg vom einfachen Militärlager zu einem Mittelzentrum mit überregionaler Bedeutung verdankte Riegel seiner strategisch günstigen Lage zwischen Schwarzwald und Kaiserstuhl. Von hier aus ließen sich die Handelswege besonders gut kontrollieren, und auch mögliche Feinde hatte man früh im Blick. Archäologische Funde, die bis ins 4. Jahrhundert datiert werden konnten, belegen, dass das römische Rigola über eine gut ausgebaute Infrastruktur verfügte. Besonders eindrucksvoll muss die Basilika gewesen sein. Sie stand einst auf dem Forum und ist heute als Modell im Stadtmuseum zu besichtigen. Zu den wichtigsten Ausgrabungen gehört der Mithras-Tempel mit seinen Säulenresten und einem Altarstein. Seine Grundmauern beschreiben ein exaktes Viereck. Die Anlage war über 1.000 Jahre in der Erde unweit der Innenstadt von Riegel verborgen, bis sie Anfang der 1970er Jahre freigelegt werden konnte.

Die Vorstellung, dass zwischen den Mauerresten einst Riten zu Ehren des aus Persien stammenden Sonnengottes Mithras stattfanden, ist befremdlich. Der Kult war im 2. und 3. Jahrhundert weit verbreitet und eigentlich verboten. Es wird vermutet, dass er über Händler und Soldaten aus Kleinasien ins Römische Reich kam. Besonders viele Anhänger hatte der Mithraskult unter den Soldaten, und so fand er wohl auch seinen Weg nach Rigola. Als rituelle Handlung wurde in den meist relativ kleinen Tempeln ein Stier getötet. Sein Tod sollte die Menschen erlösen, weshalb dem Kult auch Parallelen zum Christentum nachgesagt werden. Nachdem Kaiser Theodosius 380 das Christentum zur Staatsreligion erklärt hatte, verbot er 391 alle heidnischen Riten. Der Mithraskult wurde aber noch lange heimlich praktiziert.

Adresse Üsenbergstraße, 79359 Riegel | **Anfahrt** A 5, Ausfahrt Riegel, der Hauptstraße folgen, dann in die Üsenbergstraße einbiegen, die Ausgrabung liegt links | **Tipp** Hintergrundinfos zur Römerzeit in Riegel bietet das Archäologische Museum im Bürgerhaus, Hauptstraße 12 (So 11–17, Führungen unter www.museum-riegel.de).

87_Die alte Pulverfabrik

Hochzeit im Kraftwerk

Mit einem Gemisch aus Holzkohle, Schwefel und Salpeter ließ es der Franziskanermönch Berthold Schwarz 1359 in Freiburg einmal so richtig krachen. Er hatte angeblich das Schießpulver erfunden. Die Mixtur gewann in den Folgejahren erheblich an Popularität. Das untere Neckartal bei Rottweil erwies sich schon bald als perfekter Standort für die mit Wasserkraft betriebenen Pulvermühlen. Mit dem Dreißigjährigen Krieg begann ein Boom, der nie so recht enden wollte. Doch erst als der Unternehmer Max Duttenhofer die Pulvermühle im Neckartal übernahm und ein raucharmes Pulver entwickelte, kam der Rüstungsstandort ganz groß heraus. Das »Rottweiler Rauchloses Chemische Pulver« war europaweit im Einsatz, und Duttenhofer galt als der Krupp von Süddeutschland. 1917 beschäftigte die Firma über 2.000 Arbeiter. 1926 kam das Rottweiler Werk unter das Dach der IG Farbenindustrie.

Nach 1945 wurden die kriegsdienlichen Teile demontiert, und der Boom hatte ein Ende. Was blieb, waren imposante Industriebauten, die von Stararchitekten wie Paul Bonatz und Heinrich Henes stammen und erst einmal jahrelang vor sich hin dümpelten. Bis die Denkmalpflege das ehemalige Industrieareal ins Visier nahm und den besonderen architektonischen Rang der Anlagen erkannte. Rund 40 der 110 Gebäude wurden als Kulturdenkmäler klassifiziert, weitere gelten als erhaltenswert. Der Funke sprang über, und für Dornröschen begann ein neues Zeitalter. Heute firmiert die Pulverfabrik unter dem Namen Gewerbepark Neckartal und sorgt mit einer phantasievollen Nutzung der Gebäude für Staunen. Hochzeit im Alten Kraftwerk, Schreinerei im ehemaligen Umkleidehaus, eine Kreativ-Agentur im Chemischen Labor, ein Restaurant im einstigen Badhaus – alles scheint möglich. Neben dem emsigen Start-up-Treiben finden sich immer wieder fast parkähnliche Oasen. Und dazwischen fließt dunkelgrün und behäbig wie eh und je der Neckar.

Adresse Neckartal 142, 78628 Rottweil | Anfahrt B 27 nach Rottweil, Richtung Stadtmitte in die Straße Nägelesgraben, geradeaus in die Duttenhoferstraße und dieser folgen bis zur Straße Neckartal | Tipp Der Industriepfad Pulverfabrik Rottweil lässt die wechselvolle Geschichte der Fabrik und ihrer Gebäude erleben. Flyer und Lageplan gibt es als Download unter www.rottweil.de.

88 Das Dominikanermuseum

Ein Schreibtäfelchen lüftet sein Geheimnis

Natürlich ist es eine Unsitte, Gegenstände, die nicht mehr gebraucht werden, einfach in die Toilette zu werfen. Manchmal erweist sich aber gerade das als Glücksfall. Nämlich dann, wenn all diese Dinge aus den Sickergruben nach über 1.000 Jahren Aufschluss darüber geben, wie unsere Vorfahren einst gelebt haben. Dies wird im Dominikanermuseum in Rottweil deutlich, einem Zweigmuseum des Württembergischen Landesmuseums. Das Puzzle an Scherben, Münzen und anderen Preziosen aus den Toiletten und Villen des römischen Arae Flaviae wird zu einem Bild zusammengesetzt, das einen Eindruck von den Lebensgewohnheiten und dem Alltag in der Stadt vermittelt.

Zu den besonderen Kleinodien gehört ein auf den ersten Blick unscheinbares Schreibtäfelchen, das man aus einem Brunnen zutage förderte. Es handelt sich um das Fragment einer Doppelurkunde vom 4. August 186 und ist der Beweis, dass die römische Siedlung Arae Flaviae am Neckar zu diesem Zeitpunkt bereits Stadtrechte hatte. Sie besaß eine für alle Bewohner verbindliche Gesetzgebung und Verwaltungsorgane, welche das Ganze kontrollierten und Recht sprachen. Diesem Schreibtäfelchen verdankt Rottweil heute seinen Titel als älteste Stadt von Baden-Württemberg.

Die römische Siedlung erhielt, so wird vermutet, von Kaiser Trajan die Stadtrechte, nachdem die letzten römischen Truppen abgezogen waren. Fortan entwickelte der obergermanische Militärstandort eine urbane Infrastruktur und einen gewissen Luxus. Archäologen fanden Hinweise auf mehrstöckige Häuser, ein Forum, Theater, mehrere Bäder sowie Villen mit Glasfenstern und sogar Fußbodenheizung, was im Schwarzwald ja durchaus Sinn ergibt. Zahlreiche Münzfunde lassen auf regen Handel schließen. Prunkstück der Ausstellung ist ein kostbares Mosaik, das man 1834 in einer Villa im Stadtzentrum fand. Es zeigt den legendären antiken Sänger Orpheus, der auf einem Stein sitzt und auf seiner Kithara spielt.

Adresse Kriegsdamm 4, 78628 Rottweil | Anfahrt A 81, Ausfahrt Rottweil, Richtung Stadtmitte über die Schramberger Straße und Marxstraße links zur Königstraße und Hochbrücktorstraße, Friedrichsplatz, Kriegsdamm | Öffnungszeiten Di–So 10–17 Uhr, Führungen unter www.dominikanermuseum.de | Tipp Das katholische Münster Heilig-Kreuz liegt idyllisch inmitten der mittelalterlichen Altstadt von Rottweil und weist romanische und gotische Stilelemente auf. Sehenswert sind neben der reichhaltigen Sakralkunst die kunstvoll gestalteten Zunftlaternen in der Nepomuk-Kapelle des Münsters. Sie repräsentierten die zahlreichen Innungen der Stadt.

89 Der Kapellenturm

Gotische Schönheit unterm Spitzhelm

Rottweil hat als Stadt der Türme einiges zu bieten. Den Hochturm zum Beispiel, einst Gefängnis, heute Aussichtsturm, das Schwarze Tor, in dem ebenfalls Gefangene schmorten, und den Münsterturm. Nicht fehlen darf der 2017 eröffnete thyssenkrupp Testturm, der sich wie ein monströser Metallbohrer 246 Meter in die Landschaft schraubt und in Sachen Hype inzwischen alles in den Schatten stellt. Das ändert nichts daran, dass der schönste Turm der Stadt der Kapellenturm ist. Das filigrane spätgotische Bauwerk kann zwar nur mit 70 Höhenmetern punkten, dafür gilt es als ein Wahrzeichen der Stadt und ist seit 1983 ein Kulturdenkmal von nationaler Bedeutung.

Der Kapellenturm liegt samt Kapellenkirche etwas eingeklemmt zwischen der mittelalterlichen Erkeridylle der historischen Altstadt. Erst der Blick über das Meer aus spitzen Fachwerkgiebeln macht deutlich, wie ästhetisch er alles überragt. Als Baubeginn wird das Jahr 1330 angenommen. Das stattliche Bauwerk entstand auf einer Marienkapelle, die 1313 erstmals erwähnt wurde und ein Wallfahrtsheiligtum war. Erst später wurde ein kleines, einschiffiges Langhaus angebaut, das jedoch einstürzte und von 1721 bis 1729 im Barockstil neu errichtet wurde.

Der gotische Turm besteht im unteren Bereich aus drei Geschossen mit quadratischem Grundriss. Darüber erhebt sich ein Zwischengeschoss, dem ein oktogonaler Aufbau folgt, der oben von einem Spitzhelm abgeschlossen wird. Außergewöhnlich sind die Steinmetzarbeiten, die als Rottweiler Stil in die Architekturgeschichte eingingen. Eine Besonderheit dabei ist, dass die Figuren weniger plastisch sind als zum Beispiel am Freiburger Münster und sich mehr der nach oben strebenden Gesamtanmutung des Turmes unterordnen. Der Prophetenzyklus, die Marienfigur sowie das Buch- und das Brautrelief weisen die Handschrift zweier großer, leider unbekannter Künstler auf.

Adresse Kapellenhof 1, 78628 Rottweil | **Anfahrt** A 81, Ausfahrt Rottweil, Richtung Stadtmitte über die Schramberger Straße und Marxstraße links zur Königstraße und Hochbrücktorstraße, hier parken; nach wenigen Metern geht es rechts in den Kapellenhof | **Öffnungszeiten** Stadtführungen unter www.rottweil.de | **Tipp** Wer den Weitblick liebt, sollte den Hochturm in der Hochturmgasse besteigen. Den Schlüssel verleiht das Café Schädle gegenüber dem Rathaus.

90_Die Kunststiftung Erich Hauser

Dialog auf der Wiese

In aufmerksamer Pose wacht ein schwarzer Rottweiler am Eingang des Erich Hauser Skulpturenparks. Zum Glück ist er aus Plastik. Zusammen mit etlichen Artgenossen erinnert er an eine Aktion des Konzeptkünstlers Ottmar Hörl, der 2005 eine Art Dialog zwischen 500 lebensgroßen Plastikrottweilern und den Arbeiten des Bildhauers Erich Hauser inszenierte. Seither sind die Hunde in der Stadt omnipräsent, während der Park eher ein Geheimtipp ist.

Das Gelände der Kunststiftung und des Skulpturenparks am südlichen Stadtrand ist ein Vermächtnis des Künstlers mit dem Ziel, sein Lebenswerk der Allgemeinheit zugänglich zu machen. Der national und international renommierte Bildhauer installierte seine großformatigen Edelstahlfiguren an vielen Orten, doch nirgends sind so viele seiner Arbeiten zu sehen wie in dem Park vor seinem Atelier. Die rund 30.000 Quadratmeter Ausstellungsfläche wurden einer Industriebrache am Neckarufer abgerungen. Kleinformatige Arbeiten sind in dem ehemaligen Wohnhaus des 2004 verstorbenen Künstlers zu besichtigen, einem pyramidenähnlichen Bau im Zentrum des Wiesengeländes. Entworfen hat es der Stuttgarter Architekt Roland Ostertag.

Auch beim Atelier war mit Hans Lünz ein renommierter Baumeister am Werk. 1990 wurde der Bau vom Bund Deutscher Architekten ausgezeichnet. Die 600 Quadratmeter große, lichtdurchflutete Halle war der Schaffensmittelpunkt Hausers. Hier fertigte er seine Skulpturen, hier stehen noch mächtige Edelstahlplatten in den Regalen. Der Raum dient heute jungen Bildhauern als Ausstellungsort oder für Symposien, Vorträge und Konzerte. Park, Pyramide, Werkstatt und die Ausstellungsräume bilden ein spannungsvolles Ensemble. Die gezackten, sternenförmigen Skulpturen, die sich vom sattgrünen Rasen aus zur Sonne recken, haben eine fast außerirdische Anmutung. In ihrem Edelstahlkorpus spiegeln sich Himmel und Erde.

Adresse Saline 36, 78628 Rottweil | **Anfahrt** B 462 oder B 14, Ausfahrt Rottweil Süd, dann links und an der ersten Ampel wieder links ins Industriegebiet Saline abbiegen. Von hier sind es circa 300 Meter bis zur Kunststiftung. | **Öffnungszeiten** und Führungen unter www.erichhauser.com | **Tipp** Eine Brunnenanlage von Erich Hauser ist im Hof des neuen Rathauses von Rottweil zu besichtigen an der Ecke Rathausgasse, Pfarrgasse.

91 Die Barockschanze

Die Palisaden des Türkenlouis

Das 800-Seelen-Dörfchen Gersbach, ein Ortsteil von Schopfheim, sonnt sich auf rund 1.000 Metern über dem Meeresspiegel in Eins-a-Panoramalage mit Blick auf die Schweizer Alpen und den französischen Jura. Die Burgundische Pforte am Horizont scheint zum Greifen nah. Von dort strömt das milde Klima ein, das selbst in dieser Höhenlage noch für angenehme Temperaturen sorgt. Vor gut 300 Jahren drängten aus Frankreich die Soldaten Ludwigs XIV. in den Schwarzwald, um den Habsburgern ihre Ländereien im Südwesten streitig zu machen. Als Antwort auf die Expansionspolitik des Sonnenkönigs ließ der Markgraf Ludwig Wilhelm von Baden, bekannt als Türkenlouis, zwischen 1692 und 1701 ein 200 Kilometer langes Befestigungssystem entlang des Schwarzwaldes errichten. Es bestand aus zahlreichen Schanzen, Signal- und Wehrtürmen. So kam es, dass Gersbach einst regelrecht von Schanzen umzingelt war.

Eine dieser massiven Befestigungsanlagen wurde originalgetreu rekonstruiert und für Besucher zugänglich gemacht. Die sogenannte Barockschanze oberhalb von Gersbach erinnert an eine Zeit, in der Menschen jederzeit alles stehen und liegen lassen mussten, um für ihre Herren Kriegs- oder Frondienste zu leisten. Die Besatzung der Schanzen bestand aus Soldaten und zwangsverpflichteten Bauern. Überhaupt hat es die Bauern der Umgebung stark getroffen. Schon zum Bau der Anlagen wurden sie herangezogen. Unzählige Fronstunden waren nötig, bis die Wälle errichtet waren. Wie auch bei den anderen Verteidigungsanlagen mussten die Gersbacher mit Schaufeln, Ochsenkarren und Muskelkraft zur schweißtreibenden Arbeit anrücken. Gratis, versteht sich. Die sechseckige Barockschanze thront auf einer Bergkuppe. Sie wird von einem Wachturm flankiert und ist von hohen Erdwällen und einem umlaufenden Graben umgeben. Aus dem Boden ragen angespitzte Palisaden, brachiale Hindernisse, die potenzielle Angreifer aufhalten sollten.

Adresse Scherentann, 79650 Schopfheim-Gersbach | Anfahrt B 317 bis Atzenbach, dann über Riedichen bis Gersbach und über die Wehratalstraße, die Rauschenbachstraße bis zur Straße Scherentann, die direkt zur Barockschanze führt | Tipp Ausgerüstet mit festem Schuhwerk, kann man den Gersbacher Schanzenweg in Angriff nehmen. Den Flyer mit Karte gibt es als Download unter www.schopfheim.de.

92 Das Waldglaszentrum

Wie aus Holz Butzenscheiben wurden

Zwischen dem 14. und 17. Jahrhundert entdeckte man den Schwarzwald als Wirtschaftsfaktor. Die Folge war massenhafter Kahlschlag. Mit von der Partie waren neben den Holzhändlern auch die zahlreichen Glashütten. Sie produzierten das sogenannte Waldglas, ein Kulturgut, das die Region um Gersbach einst prägte. Von den Glashütten zeugen noch heute Flur-, Gewässer- und Familiennamen. Wichtigster Rohstoff war Holzasche, die zu Pottasche verarbeitet wurde. Um diese herzustellen, bedurfte es großer Mengen an Baumstämmen. Wie aus Holz Glas wurde, wie die Glasbläser lebten und wohin sie ihre Ware verkauften, darüber informiert das Waldglaszentrum in Gersbach. Gezeigt wird neben einem originalgetreu nachgebauten Glasofen und dem Modell eines Kohlemeilers auch eine wertvolle Waldglassammlung. Die Anzahl der Fundstücke lässt vermuten, dass in den vermeintlich einsamen Wäldern ein reger Betrieb herrschte.

Die älteste Glashütte, die bei Gersbach entdeckt wurde, stammt aus dem 14. Jahrhundert. Anfangs wurden in der Region hauptsächlich Butzenscheiben für Fenster der gut situierten Bürgerhäuser produziert, später fertigten die Schwarzwälder Glasbläser verschiedene Trink- und Vorratsgefäße, Medizinfläschchen und die als Tauschartikel beliebten Glasperlen. Seinen Namen erhielt das Waldglas aufgrund der tannengrünen Färbung. Diese entstand durch Eisenoxid im Quarzsand, einem wichtigen Rohstoff bei der Glasproduktion. Die Glasrezepturen waren Familiengeheimnis, das keinesfalls in fremde Hände fallen durfte. Deshalb zerstörten die Glasbläser ihre Hütten, wenn der Wald abgeholzt war, und suchten sich einen neuen Standort. Zurück blieben kahle Flächen, die entweder von den Bauern der nächstgelegenen Dörfer als Acker- oder Weideland genutzt oder mit schnell wachsenden Fichten aufgeforstet wurden. In jedem Fall sah die Landschaft nach den Glasbläsern anders aus als vorher.

Adresse Wehratalstraße 10, 79650 Schopfheim-Gersbach | **Anfahrt** B 317 bis Atzenbach, dann über Riedichen bis Gersbach und über die Wehratalstraße | **Öffnungszeiten** Den Schlüssel erhält man in der Chäs Chuchi gleich nebenan. Führungen www.schopfheim.de | **Tipp** In der kleinen Käserei Chäs Chuchi wird die Milch der Gersbacher Kühe zu feinem Käse verarbeitet. Probieren lohnt sich.

93__Das Dieselmuseum

Wo der schwarze Riese schläft

Führt die Achse des Bösen womöglich direkt nach Schramberg? Hinter die Klinkermauern eines reizenden Jugendstilpavillons? In dem Gebäude verbirgt sich das, was mittlerweile für einen Skandal ungeheuren Ausmaßes steht. Ein Dieselmotor. Und was für einer. Tonnenschwer, schwarz, mächtig, 326 PS, 340 Liter Hubraum, vier wuchtige Zylinder. Über 100 Jahre alt ist das Monstrum und deshalb unschuldig, denn es rußt bereits seit Jahrzehnten nicht mehr. Der schlafende Riese hat heute den Status eines Kulturdenkmals, das eine wichtige Etappe der Industrialisierung symbolisiert und an die Zeit der qualmenden Schornsteine erinnert.

Wir befinden uns im Dieselmuseum auf dem Gelände der »Hamburg-Amerikanischen Uhrenfabrik«, kurz H.A.U. In ihrer Blütezeit um 1925 beschäftigte sie rund 2.200 Menschen und produzierte täglich bis zu 15.000 Wecker. Den Strom für die Fabrikgebäude auf dem 386.000 Quadratmeter großen Areal lieferte von 1911 bis 1963 besagter Dieselmotor. Er ist der größte aus der Zeit vor dem Ersten Weltkrieg, der vollständig erhalten blieb. Theoretisch ist er sogar noch funktionsfähig. Mit sämtlichem Zubehör steht er noch immer im Gebäude Nummer 42, genau an der Stelle, wo er einst installiert wurde. Und als wäre die Zeit stehen geblieben, zeigt der Drehstromzähler den Stand des allerletzten Probelaufs im November 1966.

Das verspielte Gebäude mit seinem vorspringenden Risalit, dem schwungvollen Giebel und den Fledermausgauben ist ein Denkmal für sich. Es stammt vom Reißbrett des renommierten Industriearchitekten Philipp Jakob Manz (1861–1936), der für seine Komplettlösungen bekannt war. Er lieferte den Bauherren Gesamtkonzepte von der Fabrikhalle über Arbeiterwohnungen bis hin zur Fabrikantenvilla. Und so ist auch das Gebäude Nummer 42 Teil eines Ganzen, denn die Gebäude, die von der ehemaligen Uhrenfabrik übrig geblieben sind, tragen ebenfalls Manz' Handschrift.

Adresse Gewerbepark H.A.U., 78713 Schramberg | **Anfahrt** auf der B 462 nach Schramberg, von der Oberndorfer Straße in den Gewerbepark H.A.U. abbiegen | **Öffnungszeiten** 15. März – 31. Okt. 10 – 18 Uhr; 1. Nov. – 14. März 10 – 17 Uhr | **Tipp** Wecker, Oldtimer und jede Menge teils kurioser Alltagsgegenstände illustrieren in der Auto- und Uhrenwelt Schramberg die Nachkriegsjahre in Deutschland. Öffnungszeiten unter www.auto-und-uhrenwelt.de.

94 Der Junghans Terrassenbau

Das Schwarzwälder Wirtschaftswunder

Als 1861 der junge Kaufmann Erhard Junghans den Mut aufbrachte, in Schramberg eine Fabrik für Uhrenteile zu eröffnen, ahnte noch niemand, dass er damit ein Schwarzwälder Wirtschaftswunder einläutete. Und zwar ausgerechnet mit einem Wecker. Dieser wurde nach amerikanischem Vorbild am Fließband gefertigt und revolutionierte die deutsche Uhrenproduktion. Über 100 Jahre hieß es in Schramberg: »Wir sind Junghans«. Noch heute zeugen die nach den Plänen des Industriearchitekten Philipp Jakob Manz im Stil der traditionellen Moderne errichteten, weitläufigen Fabrikanlagen von den goldenen Jahren des Städtchens als Uhrenmetropole. In den 1970er Jahren endete diese Ära abrupt.

Eines der markantesten Gebäude in Schramberg ist der neunstufige Terrassenbau, der spektakulär an einem Steilhang klebt. Mit dieser Flucht in die Höhe hat der Architekt dem dunklen Schwarzwaldtal ein Schnippchen geschlagen und dafür gesorgt, dass jeder Uhrmacher mit Tageslicht arbeiten konnte. 2018 eröffnete in dem Technikdenkmal von europäischem Rang das Junghans-Terrassenbau-Museum. Den Besucher erwartet eine Zeitreise durch die Geschichte der Uhrenproduktion, die eng mit der Geschichte der Familie Junghans verwoben ist. Von 1918 an wurden in den langen, hellen Hallen Millionen Wecker, Großuhren und Kleinuhren montiert. 6.000 Mitarbeiter beschäftigte das Familienunternehmen in den 1960er Jahren.

Ob Wecker, Taschenuhren, mechanische Großuhren, elektrische Uhren, Armbanduhren, Quarzuhren, Funk- oder Solaruhren, Junghans war mit seinen Produkten führend auf dem Weltmarkt. Manche Innovation erwies sich sogar als Meilenstein. Zum Beispiel 1905 der erste patentierte Tacho oder die elektronische Zeitmessung bei den Olympischen Spielen 1972. Eng verzahnt war das Unternehmen mit der Zulieferindustrie, die sich in und rund um Schramberg angesiedelt hatte und der ebenfalls ein Schwerpunkt im Museum gewidmet ist.

Adresse Lauterbacher Straße 68, 78713 Schramberg | **Anfahrt** von der A 81 oder der A 5 über die B 462 nach Schramberg, durch den Schlossbergtunnel zur Lauterbacher Straße | **Öffnungszeiten** Di–So 10–18 Uhr, Führungen unter www.junghans-terrassenbau.de | **Tipp** Einen Einblick in die Folgen der Industrialisierung für die Schramberger Bürger bietet das Stadtmuseum im Schloss in der Bahnhofstraße 1. Die Ausstellung zeigt, wie aus dem beschaulichen Schwarzwälder Städtchen eine Industriestadt wurde (Öffnungszeiten unter www.schramberg.de).

95 Der Dom von St. Blasien

Das Kuppelwunder vom Schwarzwald

Wie kommt dieses Bauwerk nach St. Blasien, einem Städtchen mit rund 3.000 Einwohnern? Ein Dom mit einer Kuppel, die selbst die der weltberühmten Hagia Sophia in Istanbul in den Schatten stellt. 36 Meter beträgt der Durchmesser der Domkuppel von St. Blasien. Mehr haben in Europa nur der Dom von Florenz, der Petersdom und das Pantheon in Rom zu bieten.

Die Geschichte, wie der Prachtbau das Schwarzwaldstädtchen zur Domstadt machte, ist eng mit der Besiedelung des Schwarzwaldes verknüpft. Irgendwann im 9. Jahrhundert hatte es ein paar Wandermönche ins entlegene Tal verschlagen. Sie wollten nach den Regeln des heiligen Benedikt leben und errichteten an einem Wasserlauf die kleine Niederlassung »cella alba«. Damit gaben sie auch gleich dem Flüsschen seinen Namen. Es ist die Alb. Der Name St. Blasien geht auf die Reliquien des heiligen Blasius zurück, die der »Cella« übertragen wurden.

Das Kloster gehörte zunächst zu Cluny sowie den Bischöfen von Basel und von 1218 bis zu seiner Auflösung 1806 zum Habsburgerreich. Eine Blütezeit erlebte St. Blasien unter Fürstabt Martin Gerbert, der von 1764 an für fast 30 Jahre die Geschicke des Klosters leitete. Nach einem Brand konfrontierte Gerbert die Region 1783 mit einer völlig neuen Kirchenarchitektur. Das mittelalterliche Münster wurde durch einen frühklassizistischen Rundbau ersetzt, den eine gewaltige Kuppel krönte. Für Schwarzwälder Sehgewohnheiten war das eine Herausforderung. Noch heute ist man beim Betreten des lichten, ganz in Weiß gehaltenen Rundbaus überwältigt. Unvermittelt wandert der Blick hinauf zu der von 20 korinthischen Säulen getragenen Kuppel. Das Deckenfresko zeigt die Himmelfahrt Marias. Auch der neue Dom brannte mehrmals ab, jedes Mal wurde er prächtiger wiederaufgebaut. Der Platz vor dem Altar der Rotunde ist dem Gründer der Kirche reserviert. Hier befindet sich das Grab des 1793 verstorbenen Martin Gerbert.

Adresse Fürstabt-Gerbert-Straße 16, 79837 St. Blasien | **Anfahrt** B 31, Ausfahrt Titisee, B 500 über Feldberg-Bärental Richtung Waldshut, in Häusern nach St. Blasien abbiegen, hier über die Albtalstraße zur Hauptstraße und links in die Fürstabt-Gerbert-Straße abbiegen | **Öffnungszeiten** Winterzeit 8.30 – 17 Uhr; Sommerzeit 8 – 18.30 Uhr; Domführungen und Konzerte unter www.dom-st-blasien.de | **Tipp** Jedes Jahr Ende August findet in St. Blasien ein internationales Holzbildhauersymposium statt. Nach einem vorgegebenen Thema bearbeiten die Künstler einen Baumstamm.

96 Le Petit Salon

Der Fürstenmaler aus dem Schwarzwald

Sissi geht immer. Ganz unvermittelt blickt einem die Kaiserin auf dem Parkplatz am Straßenrand kurz vor Menzenschwand entgegen, so wie Franz Xaver Winterhalter sie 1865 gemalt hat. Weißes, wallendes Gewand, die Lockenpracht mit Sternjuwelen geschmückt. Es ist das bekannteste Sissi-Bild. Als Plakatmotiv weist es auf den Geburtsort des Künstlers hin – und auf den Petit Salon, das kleine Museum, welches ihn und seinen jüngeren, als Maler weniger bekannten Bruder Hermann ehrt.

Ein Verdienst des Petit Salon ist es, die Lebenswege der Brüder, insbesondere den von Franz Xaver (1805–1873), nachzuzeichnen und eine Art Brückenschlag zu bilden zwischen dem Schwarzwalddorf und der damaligen Welt der Reichen und Schönen. Dabei sind es nicht einmal die Original-Lithografien, Zeichnungen und Skizzen, die den Reiz des Museums ausmachen, sondern die vielen persönlichen Dinge, die liebevoll arrangiert sind: die ersten Zeichenversuche des zehnjährigen Franz Xaver, Briefe an den Vater, Zeichenutensilien, die bunte, orientalisch anmutende Mütze des jungen Künstlers. Gezeigt wird auch die andere Seite des Fürstenmalers: zarte Landschaftsstudien aus der Aquarellmappe.

Berührend ist die Vorstellung, dass Franz Xaver Winterhalter, dessen Vater noch als Leibeigener im Habsburgerreich geboren wurde, zum Hofmaler avancierte und in den Gemächern der Adels- und Herrscherhäuser ganz Europas ein und aus ging. In seinen Bildern gelang ihm ein Spiegel der höfischen Prachtentfaltung, für den ihn seine Auftraggeber liebten. Allein das englische Königshaus orderte über 100 Bilder.

Doch Franz Xaver Winterhalter hat sein Dorf nie vergessen. Er ließ es an seinem Reichturm teilhaben. Unter anderem finanzierte er Infrastrukturmaßnahmen, ließ in Neustadt die Papier- und die Schraubenfabrik bauen und sorgte dafür, dass Menzenschwand ein Schulhaus erhielt. Genau hier ist heute das Museum untergebracht.

Adresse Hinterdorfstraße 15, 79837 St. Blasien-Menzenschwand | **Anfahrt** B 31 bis Abfahrt Feldberg, B 317 bis Bärental, B 500 bis Schluchsee-Aha, rechts auf die L 146 bis Menzenschwand, rechts in die Vorderdorfstraße abbiegen und bis zur Hinterdorfstraße fahren | **Öffnungszeiten** Mi–So, Feiertage 14.30–17 Uhr, Führungen unter www.winterhalter-menzenschwand.de | **Tipp** Franz Xaver Winterhalter war ein Meister des opulenten Faltenwurfs. Um Original-Ölgemälde von ihm zu betrachten, muss man nicht nach Wien ins Schloss Schönbrunn. Es reicht ein Trip nach Freiburg ins Augustinermuseum.

97_Das Phonomuseum

Als die Töne auf die Scheibe kamen

Jahrzehntelang sorgten die Plattenspieler der Marke Dual für gepflegten Wohlklang in deutschen Wohnzimmern. Dass sie aus den Werkstätten besonders findiger Schwarzwälder Tüftler kamen, wussten die wenigsten. Die Firma aus St. Georgen genoss Weltruf und machte das Städtchen für rund 75 Jahre zu einer Metropole der Phonoindustrie. Diese glanzvolle Ära würdigt das Deutsche Phonomuseum und präsentiert dabei so manch skurriles Stück.

Auf rund 1.000 Quadratmetern zeigen über 350 Exponate, wie die Töne auf die Walze und später auf die Scheibe kamen. Zu bestaunen sind extravagant bemalte Trichter-Grammophone, Salon-Grammophone mit Glitzerkugeln, ein tönendes Schwarzwaldhaus, Plattenwechsler für Schellackscheiben, das legendäre Tefifon, Musikboxen, Phono-Koffer und vieles mehr. Und das Tolle dabei ist, dass die meisten Geräte funktionieren. Die Ausstellung spannt den Bogen von Edisons Ur-Phonographen bis zu den Hi-Fi-Stereoanlagen und den Hightech-Plattenspielern, die Mitte der 1980er Jahre der letzte Schrei waren. Dazwischen liegen über 100 Jahre mechanische Tonaufzeichnung und Tonwiedergabe mit all ihren Kuriositäten, Sackgassen und faszinierenden Erfindungen. Bis eine Neuheit auf den Markt kam, die so revolutionär war, dass sie dem Plattenspieler den Garaus machte: die CD, auf der die Töne digital gespeichert wurden. Sie leitete auch den Showdown der Phonoindustrie im Schwarzwald ein.

Dass dieser Industriezweig überhaupt in so einer abgelegenen Region groß werden konnte, ist den Uhrmachern zu verdanken, die ein enormes feinmechanisches Know-how besaßen und stets neue Anwendungen ertüftelten. So produzierten die Gebrüder Steidinger schon 1907 nicht nur Uhrmacherwerkzeuge, sondern auch Grammophone mit Federantrieb. Christian Steidinger präsentierte schließlich 1927 einen Motor mit Feder- und Elektroantrieb und begründete damit den Firmennamen Dual.

Adresse Bärenplatz 1, 78112 St. Georgen | **Anfahrt** über die B 31, B 33 nach St. Georgen, dort über die Bahnhofstraße zum Bärenplatz | **Öffnungszeiten** Mai–Okt. Di–So, 11–17 Uhr; Dez.–April Mi–So 10–17 Uhr, Führungen unter www.st.georgen.de | **Tipp** Noch mehr Technik ist in der ehemaligen Uhrenfabrik Staiger in der Industriestraße 7 in St. Georgen zu bestaunen, darunter Oldtimer, Motoren, Spielzeug und ein Mini-Zirkus (Öffnungszeiten unter www.tm-stg.de).

98 Die Sammlung Grässlin

Kunst erobert die Stadt

Bequemes Schuhwerk kann nicht schaden, denn wer sehen will, muss laufen. Die Sammlung Grässlin in St. Georgen nutzt nämlich die gesamte Stadt als Ausstellungsort für zeitgenössische Kunst und wird an ungewöhnlichsten Orten präsentiert. Da schwebt zum Beispiel im Sitzungssaal des Rathauses das riesige Plüschküken an der Decke. Es ist eine Arbeit von Cosima von Bonin mit dem Titel »Vomiting white chick«. In einem Schaufenster überrascht ein Baselitz, in einem anderen ein Familienporträt in Form eines Blumenvasen-Arrangements von Thomas Rehberger. Wenige Schritte weiter mutiert eine ehemalige Fabrikhalle zur Galerie, und auf dem Dachboden des Heimatmuseums findet sich ein Beuys. Die unkonventionelle Ausstellung beruht auf der Idee, Schaufenster, Ladenlokale und Hallen, in denen seit dem Niedergang der feinmechanischen Industrie in den 1980er Jahren gähnende Leere herrscht, zur Präsentation von Werken aus der Privatsammlung der Familie Grässlin zu nutzen.

Ausgangs- und Endpunkt für den nicht ganz alltäglichen Kunstspaziergang ist der 2006 eröffnete Kunstraum Grässlin in der Museumstraße. Das von dem Kölner Architekten Lukas Baumewerd entworfene kubusförmige Gebäude dient ebenfalls als Ausstellungsraum. Den Grundstein für die Sammlung legte in den 1970er Jahren der St. Georgener Unternehmer Dieter Grässlin mit Werken des deutschen Informel. Nach seinem Tod bauten seine Witwe Anna Grässlin sowie die Kinder Bärbel, Thomas, Sabine und Karola die Sammlung mit zeitgenössischen Werken aus und setzten eigene Schwerpunkte. Einer der vielen Künstler, der im Hause Grässlin ein und aus ging, war Martin Kippenberger. Zu den Markenzeichen der Familie gehören Gastfreundschaft, Treue zu ihren Künstlern sowie lustvolles Sammeln. Die Werke zeichnet aus, dass sie oft subversiv und nicht unbedingt politisch korrekt sind, dafür aber Anlass bieten, über Kunst zu diskutieren.

Adresse Museumstraße 2, 78112 St. Georgen | Anfahrt über die B 31 und B 33 nach St. Georgen, Hermann-Wiehl-Straße, Bahnhofstraße, rechts in die Museumstraße abbiegen | Öffnungszeiten und Führungen unter www.sammlung-graesslin.de | Tipp Das Kippys' ist die gastronomische Hommage an Kippenberger direkt neben dem Kunstraum: Multiples des Meisters an der Wand und badisch-internationale Gerichte auf dem Teller.

99 Das Klostermuseum

Zum Kuckuck mit der Amsel

Die Zwiebeltürme der Klosterkirche von St. Märgen zieren unzählige Postkarten. Das Klostermuseum in ihrem Schatten gilt eher als versteckte Preziose. Es ist in den Räumen eines ehemaligen Augustiner-Chorherrenstifts untergebracht und gewährt so manchen Blick hinter die Schwarzwälder Postkartenidylle. Man erfährt viel über die Menschen, die die Region zu dem machten, was sie ist. Handwerk, Volkskunst und Aberglaube. Schräges, Schönes, Wertvolles und dazu Geschichten und Anekdoten. Viele Beispiele zeigen, wie die Landschaft Menschen prägte und wie sich das Tüftlerimage der Schwarzwälder entwickelte.

Allein schon die Uhrensammlung ist beachtlich. Besonders prachtvolle Stücke aus den Werkstätten rund um St. Märgen tickten am Zarenhof, im Schloss Schönbrunn, in Paris und sogar in Istanbul oder im fernen Amerika. Es gibt bizarre Stücke mit dem tanzenden Wiener Kongress, mit blutrünstigen Szenen aus Shakespeare-Stücken oder mit Stierkampfszenen. Der Kundenwunsch hatte beim Design oberste Priorität. Die älteste Uhr im Klostermuseum stammt aus der Zeit um 1650, und sie ist so spartanisch, dass sie heute schon fast wieder stylish wirkt. Als Gewichte dienen eine Kanonenkugel und ein Feldstein. Im Laufe des Rundgangs durch die Sammlung gerät die Sache mit dem Kuckuck ins Wanken. Das Vögelchen, das aus den älteren Uhren heraus zwitschert, sieht nämlich verdächtig nach Amsel aus. Erst im 19. Jahrhundert wird der Vogel einem soundtechnischen Relaunch unterzogen und trällert seither als Kuckuck.

Das wertvollste Stück der Sammlung, eine reich verzierte Hackbrettuhr, hat Matthias Faller (1707–1791) gefertigt. Der berühmte Holzbildhauer wirkte ab 1735 an der Ausstattung der Klosterkirche mit. Seine ausdrucksvollen Figuren zieren die sechs Altäre der St. Märgener Kirche. In seinen letzten Lebensjahren konzentrierte er sich auf das Schnitzen prunkvoller Uhrenschilder. Sein Grabstein befindet sich an der Außenwand der Klosterkirche.

Adresse Rathausplatz 1, 79274 St. Märgen | Anfahrt B 31, L 128 nach St. Märgen, Feldbergstraße, Wagensteigstraße, dann links auf den Rathausplatz | Öffnungszeiten und Führungen unter www.kloster-museum.de | Tipp Das Café Goldene Krone gegenüber dem Klostermuseum ist eine erste Adresse für regionale Landfrauenküche. Von außen ein Prunkstück, innen Wohnzimmeratmosphäre mit einem verlockenden Kuchenbüfett.

100 Die Schwarzwälder Füchse

Blondinen bei der Holzernte

Nieselregen, Nebelschwaden und eisiger Wind brauen einen Wettermix für Hartgesottene. Mühsam geht es auf rutschigem Geröll und Moos bergan. Es riecht nach Harz, Tannennadeln und modrigem Laub. Äste knacken, von Weitem ertönen dumpfe Axtschläge. Irgendwo kreischt eine Motorsäge. Plötzlich ein Schnauben, Kettenklirren und viel blonde Mähne. Hoch konzentriert reagiert Mattis auf die Kommandos des Waldarbeiters. Er stemmt sich gegen den aufgewühlten Boden und zieht den langen Baumstamm durch das Tannengestrüpp zum Weg. Holzernte im Schwarzwald. Mattis ist ein »Rückepferd«, er gehört zu der uralten Rasse der Schwarzwälder Füchse. Die mittelschweren rotbraunen bis braunen Kaltblüter mit der blonden Prachtmähne gehören zum lebendigen Kulturgut des Schwarzwaldes. Jahrhundertelang wurden sie zum Holzrücken auf schwierigem Gelände eingesetzt. Inzwischen sind sie ein eher seltener Anblick, die Holzernte haben Maschinen übernommen.

Der Ursprung der Pferderasse reicht bis ins Mittelalter zurück. Ihre Heimat ist der waldreiche südliche Schwarzwald. Die ältesten Aufzeichnungen fanden sich in den Klöstern St. Märgen und St. Peter, die über großen Waldbesitz verfügten. Man nimmt an, dass die robusten Pferde hier gezüchtet und zur harten Arbeit im steilen Bergwald eingesetzt wurden. So kamen sie auch zu dem Namen Wälderpferd. Richtig bedrohlich wurde es für die Schwarzwälder Füchse nach dem Zweiten Weltkrieg mit steigendem Maschineneinsatz in der Land- und Forstwirtschaft. 1977 betrug der Bestand im gesamten Schwarzwald nur noch 159 Stuten. Jetzt waren die Schwarzwälder Füchse reif für die Rote Liste der bedrohten Nutztiere. Seit einigen Jahren erleben die hübschen Kaltblüter eine Renaissance. Sie werden als Kutsch- und Freizeitpferde entdeckt und als Rückepferde in der Öko-Waldwirtschaft.

Adresse Sportplatz 7, 79274 St. Märgen | **Anfahrt** B 31, L 128, kurz vor St. Märgen rechts abbiegen Richtung Weißtannenhalle und Sportplatz | **Tipp** Termine und Informationen zu Kutschfahrten und Events mit Schwarzwälder Füchsen finden Sie unter www.st.maergen.de.

101 Die Rokokobibliothek

Die Schönste weit und breit

Elegant winden sich Figuren und florale Elemente um Nischen, Galerien, Gesimse und Regale. Die 1738 fertiggestellte Bibliothek der ehemaligen Benediktinerabtei in St. Peter gehört zu den schönsten Rokokoräumen im gesamten Breisgau. Namhafte Künstler haben sich hier verewigt. Die Baupläne stammen – wie so oft, wenn etwas Besonderes geschaffen werden sollte – aus der Feder von Peter Thumb. Die kunstvollen Figuren sind das Werk der Bildhauer Christian Wentzinger und Matthias Faller, und die Deckengemälde stammen von Benedikt Gambs.

Dass es diese wunderbare Bibliothek überhaupt gibt, ist mehrmaliger glücklicher Fügung zu verdanken. Viermal brannte die als Hauskloster und Grablege der Zähringerfürsten im 11. Jahrhundert erbaute Abtei ab, mehrmals wurde sie von der Pest heimgesucht und immer wieder geplündert. Ungeachtet der barocken Prachtentfaltung war St. Peter nie ein vornehmes Kloster. Seine Bewohner waren vorwiegend Schwarzwälder Bauernsöhne. Möglicherweise hielt sich deshalb die Begeisterung sehr in Grenzen, als der junge Abt Ulrich Bürgi 1727 Peter Thumb mit dem Bau einer Bibliothek beauftragte. Erst nach zehn Jahren begannen die Arbeiten. Nach dem Tod Bürgis wurden sie vom neuen Abt sofort eingestellt.

Nach weiteren zehn Jahren als Bauruine erfolgte dann unter Abt Steyrer ein Meinungsumschwung. Mitten im Winter wurde Peter Thumb zurückbeordert, 1752 vollendete er die Bibliothek nach der neuesten Rokokomode. Nun konnte sich auch St. Peter als aufgeschlossenes, der Bildung zugewandtes Kloster präsentieren. Als es 1806 dennoch aufgelöst wurde, betrug der Buchbestand 20.000 Bände. Den Großteil erhielt die Bibliothek des Großherzogs von Baden in Karlsruhe. Rund 34 Ochsenkarren voller Bücher wurden zur Unibibliothek in Freiburg transportiert. Heute sind die schönen Regale der Rokokobibliothek wieder so prall gefüllt wie zur Klosterzeit.

Adresse Klosterhof 2, 79271 St. Peter | Anfahrt A5 bis Freiburg-Nord, dann über Denzlingen und Glottertal nach St. Peter, am Ortseingang rechts auf die Zähringerstraße abbiegen und bis zum Klosterhof fahren | Öffnungszeiten Besichtigung im Rahmen von Führungen Di 11 Uhr, Do 15 Uhr, So, Feiertage 11.30 Uhr | Tipp Ebenfalls sehenswert ist die Barockkirche, in der hochkarätige Orgelkonzerte stattfinden. Programm unter www.barockkirche-st-peter.de.

102 Die Burg der Herren von Staufen

Waghalsige Experimente und wenig Gold

Malerisch thront die Burgruine von Staufen vor der Schwarzwaldkulisse. Nicht von ungefähr ist sie das Wahrzeichen des Städtchens, dessen mittelalterlicher Kern unter Denkmalschutz steht. Schon 770 wurde Staufen erstmals urkundlich erwähnt. Der Ort lag strategisch günstig am Eingang des Münstertals, wo der Silberbergbau den Minenbesitzern, den Fürsten von Zähringen, ansehnlichen Reichtum bescherte. Deren Spross Bertold II. war dank des Silbers aus dem Schwarzwald so wohlhabend geworden, dass er sich 1091 die Zähringer Burg baute, aus der später die Stadt Freiburg hervorging.

Um den Edelmetalltransfer zu überwachen, engagierten die Zähringer die Herren von Staufen, die um 1100 ihren Stammsitz auf dem kegelförmigen Hügel neben dem Ort errichteten. Auch sie lebten viele Jahre gut vom Silberbergbau. Doch allmählich versiegten die Einnahmequellen, und die Burgherren gerieten in Geldnöte. Da hatte, so geht die Sage, Anton von Staufen die rettende Idee. Warum nicht gleich Gold, wenn es schon kein Silber mehr gibt?! Um das Edelmetall herzustellen, waren im 16. Jahrhundert an zahlreichen Fürstenhöfen Alchemisten im Einsatz. Es wurde viel experimentiert, meist mit unappetitlichen Rezepturen. Anton von Staufen jedenfalls ließ sich 1539 einen gewissen Johann Georg Faust alias Doctor Faustus empfehlen. Dessen Referenzen in Sachen Goldproduktion erwiesen sich bekanntlich als Fake. Der Doctor produzierte lediglich einen größeren Sachschaden in seinem Hotelzimmer und fuhr anschließend in Begleitung seines Dieners Mephisto zur Hölle, während die Herren von Staufen in die Pleite schlitterten. 1602 erlischt das Adelsgeschlecht mangels männlicher Nachkommen. Als von 1618 bis 1648 der Dreißigjährige Krieg tobte, wurde die Burg geplündert und mehrmals niedergebrannt. Heute stehen die Ruine und die sie umgebenden Weinberge unter Denkmal- beziehungsweise Landschaftsschutz.

Adresse Burgweg, 79219 Staufen | Anfahrt B 3, L 125 nach Staufen und am Ortseingang in die Krozinger Straße fahren, Parkmöglichkeit in der Bahnhofstraße, von hier führt ein Fußweg zur Burgruine | Tipp Im Gasthaus Löwen soll der sagenumwobene »Doctor Faustus« logiert haben. Heute finden hier keine alchemistischen Experimente mehr statt, die Küche ist vielmehr bekannt für badische Spezialitäten.

103 Die Basilika St. Cyriak

Der älteste Kirchturm im Südwesten

Alter schützt vor Schönheit nicht. Seit über 1.000 Jahren steht die kleine romanische Basilika St. Cyriak am Ortsrand von Sulzburg. Ihre schlichte Schönheit bezaubert ebenso wie die Schätze in ihrem Inneren. Sie ist dem heiligen Cyriakus geweiht, dem Schutzheiligen der Winzer. Er soll vor Unwettern und Hagel schützen. Was liegt näher in einem Ort, der von Weinbergen umgeben ist, als diesen Märtyrer zum Nothelfer zu wählen.

Das 993 erstmals urkundlich erwähnte Kirchlein wurde während der Herrschaft der Ottonen-Kaiser erbaut. Der Anfang des 11. Jahrhundert errichtete Kirchturm zählt zu den ältesten im Südwesten Deutschlands. Ursprünglich gehörte St. Cyriak zu einem Kloster, in dem zunächst Kanoniker das Sagen hatten, bis es 1008 an Benediktinerinnen überging und 1548 aufgelöst wurde. Seit der Reformation ist St. Cyriak eine evangelische Kirche. Der Dreißigjährige Krieg hinterließ den ehemaligen Konvent in einem erbärmlichen Zustand, und als 1769 auch noch der klägliche Rest der verwaisten Klostergebäude abbrannte, fiel die Kirche in einen Dornröschenschlaf, aus dem sie beinahe nicht mehr erwacht wäre.

Erst in den 1950er Jahren entdeckte der Freiburger Denkmalpfleger Karl List die kulturgeschichtliche Bedeutung von St. Cyriak und regte die längst überfällige Restaurierung an, die sich dann über Jahrzehnte hinzog. Heute präsentiert sich das Kirchlein wieder als dreischiffige Basilika. Besonders bemerkenswert ist der erhöhte Chor, der nur mittels überdimensionierter Treppenstufen erklommen werden kann. Grund ist, dass die darunter liegende Krypta offenbar erst nachträglich eingebaut wurde und man dafür den Chor einfach ein Stück angehoben hat. Bestattungen fanden in der sehenswerten Gruft, die von nur einer einzigen Säule in der Mitte des Raumes getragen wird, nicht statt. Dafür sind hier schöne, teils leider übermalte Fresken zu besichtigen, von denen die ältesten aus dem 15. Jahrhundert stammen.

Adresse Klosterplatz, 79295 Sulzburg | **Anfahrt** A 5, Ausfahrt Heitersheim, dann über Ballrechten-Dottingen nach Sulzburg, von der Hauptstraße links in die Klostergasse, hier parken, zu Fuß links zum Klosterplatz | **Öffnungszeiten** tagsüber geöffnet | **Tipp** Kulturdenkmale, die an die von den Nationalsozialisten ausgelöschte jüdische Gemeinde von Sulzburg erinnern, sind der Jüdische Friedhof in der Badstraße und die ehemalige Synagoge in der Gustav-Weil-Straße.

104 Das Landesbergbaumuseum

Der unterirdische Schwarzwald

Den dichten Wäldern und steilen Bergwiesen sieht der Laie nicht an, was sich unter ihnen verbirgt. Der Schwarzwald ist in manchen Gegenden von unzähligen unterirdischen Gängen und Gruben durchzogen. Mit einfachsten Werkzeugen arbeiteten sich die Menschen schon vor über 7.000 Jahren durch das harte Gestein. Auf der Suche nach Bodenschätzen riskierten sie nicht selten Leib und Leben. Einen Eindruck davon, welche Schätze unsere Vorfahren im unterirdischen Schwarzwald suchten, vermittelt das Landesbergbaumuseum in Sulzburg. Es ist in der ehemaligen evangelischen Kirche untergebracht, die 1835 nach den Plänen des großherzoglichen Baudirektors Heinrich Hübsch errichtet wurde. Das Museum lädt ein zu einem Rundgang durch mehrere tausend Jahre Bergbaugeschichte im Südschwarzwald, die von der Steinzeit bis ins 20. Jahrhundert reicht.

Sulzburg war Bergbauzentrum und hat das älteste deutsche Stadtsiegel mit einer Bergbaudarstellung. Die frühesten Spuren finden sich in der Nähe der Stadt. Forscher hoben hier in dem unzugänglichen Waldgebiet einen Schatz, der sogar international für Schlagzeilen sorgte. Sie entdeckten Spuren einer Grube aus der Jungsteinzeit, die eine Schwelle vom Tage- zum Untertagebergbau markierte. Die Funde zeigten, dass hier um 5000 v. Chr. mit primitiven Steinhämmern Hämatit, ein intensiv rotes, eisenhaltiges Gestein, abgebaut wurde. Auch die Kelten waren im Sulzbachtal unter Tage aktiv. Sie interessierten sich für Eisenerz, die Römer wiederum bauten Blei und Silber ab. Auch hiervon zeugen Exponate im Museum. Der Silberbergbau florierte im Schwarzwald bis ins späte Mittelalter, ebenso der Abbau von Salz. In Buggingen, nur wenige Kilometer von Sulzburg entfernt, wurde bis 1970 Kalisalz abgebaut und sicherte Tausende Arbeitsplätze in der Region. An diese Ära erinnert die Ausstellung im Erdgeschoss des Museums.

Adresse Hauptstraße 60, 79295 Sulzburg | Anfahrt A 5, Ausfahrt Heitersheim, über Ballrechten-Dottingen nach Sulzburg, geradeaus weiter in die Hauptstraße | Öffnungszeiten Di–So 14–17 Uhr, Führungen unter www.sulzburg.de | Tipp Das Hotel Restaurant Hirschen, sternengekrönter Feinschmeckertempel, liegt in der Hauptstraße 69. Eine Gelegenheit, den unterirdischen Schwarzwald hinter sich zu lassen und sich überirdischen Genüssen zuzuwenden.

105 Das Schloss Glatt

Ritter Reinhard und der Landadel

Hoch zu Ross und in voller Rüstung erwartet ein Ritter die Besucher der Rüstkammer auf Schloss Glatt – welch eindrucksvoller Empfang zu dem Rundgang durch das reizvolle Wasserschloss aus dem 13. Jahrhundert. Hausherr war von 1500 an Hans von Neuneck, württembergischer Obervogt im östlichen Schwarzwald, der es an seinen Sohn Reinhard vererbte. Dessen Helm, der seinerzeit so manchen Schlag aushalten musste, glänzt heute zusammen mit weiteren Ritterutensilien hinter einer dicken Glasscheibe in der Vitrine des Schlossmuseums.

Reinhard von Neuneck zählte zu den einflussreichsten Adligen am oberen Neckar. Er war ein geschickter Stratege, erfolgreicher Krieger und umsichtiger Verwalter. Seine Ritterkarriere begann er 1494 am württembergischen Hof und wechselte 1504 zum Pfalzgrafen Ottheinrich, den er sogar auf einer Reise nach Jerusalem begleitete. Man vermutet, dass er von dieser Reise die Idee mitbrachte, sein Schloss in Glatt im Renaissancestil umzubauen. Das nötige Kapital für dieses Projekt hatte er. Im Gegensatz zu so manchen Ritterkollegen galt Reinhard als sehr vermögend. Auch sonst war er eine Ausnahmeerscheinung. Im Alter von 70 Jahren zog er sich zusammen mit seiner Haushälterin (deren Alter nicht überliefert ist) auf Schloss Glatt zurück. Dort verstarb er 1551 und wurde in der Pfarrkirche beigesetzt.

Die zwischen 1973 und 1989 renovierte Anlage ist heute ein Kultur- und Museumszentrum. Auf drei Etagen werden Ereignisse aus der Geschichte von Schloss und Dorf vom 13. bis zum 19. Jahrhundert veranschaulicht: vom Aufstieg und Ende der Herren von Neuneck über die Zeit als Besitz des Klosters Muri bis hin zur Herrschaft der Fürsten von Hohenzollern-Sigmaringen und dem Anschluss an Preußen. Das Museum zeigt, wie sehr der obere Neckar zwischen 1100 und 1800 von verschiedenen Landadelsfamilien beherrscht war, die auf kleinen und kleinsten Territorien regierten.

Adresse Schloss 1, 72172 Sulz-Glatt | Anfahrt A 81, Ausfahrt Sulz am Neckar, auf der L 409 nach Sulz, Holzhauser Straße rechts in die Bahnhofstraße, rechts in die Freudenstraße, dann Keltenstraße, Zum Hochgericht nach Glatt geradeaus zum Schlossplatz | Öffnungszeiten April–Okt. Di–Fr 14–17 Uhr, Sa, So, Feiertage 11–18 Uhr; Nov.–März Sa, So, Feiertage 14–17 Uhr, Führungen unter www.schloss-glatt.de | Tipp Von der Ritter- zurück in die Römerzeit: Die Reste eines römischen Kellers sind im Ortsteil Sulz-Kastell zu bestaunen (Öffnungszeiten unter www.kulturundheimatverein-sulz.de).

106 Die Ölermühle

Auge in Auge mit dem Kleiekotzer

Die Fahrt ins Blaue weckt Erinnerungen an unbeschwerte Sommerausflüge, an Picknick auf der Blumenwiese, entspannte Nachmittage am See. Für Schwarzwald-Bäuerinnen war es meist keine vergnügliche Unternehmung. Die Fahrt ins Blaue bedeutete einen Arbeitseinsatz zum Unkrautjäten im Leinfeld, das im Sommer ein blau blühendes Blütenmeer war. Lein war bis ins 19. Jahrhundert ein wichtiger Rohstoff in der Region. Was alles daraus gemacht wurde, erfährt man in der Ölermühle bei Titisee.

Schon die Tour dorthin zeigt, dass es im Schwarzwald abseits der touristischen Hotspots überraschend einsam zugehen kann. Die 1772 erstmals erwähnte Ölermühle liegt in der Schildwende, einem dünn besiedelten Seitental des Jostals. Im 13. Jahrhundert war hier Ende Gelände. Gespanne, die sich in die Schildwende verirrt hatten, mussten umkehren. Die Ölermühle war eine sogenannte Wohnmühle, ein Leibgeding, in dem der Altbauer einen arbeitsreichen Lebensabend verbrachte. Bis 1934 wurde hier noch gemahlen. Von 1990 bis 1994 rettete die denkmalgerechte Sanierung die Anlage vor dem Verfall. Seither ist sie Museum.

Im Mittelpunkt stand einst die Ölgewinnung, ein komplizierter Prozess, bei dem Fingerspitzengefühl nötig war. Zugleich wurde auch Korn gemahlen. Natürlich funktioniert die Mühle mit Wasserkraft, was eindrucksvoll demonstriert wird, wenn ein mächtiges Wasserrad mit Getöse die schweren Mühlsteine in Bewegung setzt. Die harten Spelzen, die beim Mahlen übrig bleiben, »speit« der »Kleiekotzer« durch sein aufgerissenes Maul in eine Kiste. Die dämonisch anmutenden geschnitzten Fratzen haben bei Wassermühlen eine lange Tradition und geben bis heute Rätsel auf. Ein weiteres Thema ist die Flachsverarbeitung von der Faser über Seile und Schnüre bis hin zum gewebten Leinenbetttuch. Letzteres kann man in Uropas Schlafzimmer im dritten Stockwerk der Ölermühle begutachten.

Adresse Schildwende 18, 79822 Titisee-Neustadt | **Anfahrt** B 31 bis Neustadt West, über die Jostalstraße zur Schildwende, Auto am Wanderparkplatz abstellen und zu Fuß zur Ölermühle gehen (circa 30 Minuten) | **Öffnungszeiten** auf Anfrage zu besichtigen, Tel. 07651/5483 | **Tipp** Der über 380 Jahre alte »Hirschen« im Langenordnachtal, von Einheimischen »Oberes Wirtshaus« genannt, bietet Schwarzwaldatmosphäre und solide Schwarzwaldküche (www.oberes-wirtshaus.de).

107 Das Franziskanermuseum

Der Keltenfürst im Waisenhaus

Der kegelförmige Hügel vor den Stadttoren von Villingen verlieh der Phantasie schon im Mittelalter Flügel. Man glaubte an Hexentanz und Orgien mit dem Teufel. Im 19. Jahrhundert ging man die Sache erstmals wissenschaftlich an. 1890 rückten Archäologen an, um das mysteriöse Keltengrab auf dem Magdalenenberg zu öffnen. Sie stießen auf eine riesige Grabkammer, die aus der Zeit um 616 v. Chr. stammt. Trotzdem waren sie enttäuscht, denn das Grab war leer. 1970 folgte der nächste Versuch. Diesmal gab es glückliche Gesichter. Bei der Grabung unter der Regie des Ötzi-Forschers Konrad Spindler fand man 126 reich ausgestattete Gräber unterhalb des Zentralgrabes. Damit war klar, dass es sich beim Magdalenenberg um den größten Grabhügel der Hallsteinzeit in Mitteleuropa handelt. Die Grabkammer wurde mit den über 2.600 Jahre alten Original-Eichenbalken im Museum nachgebaut. Sie gehört zu den herausragenden Exponaten des Franziskanermuseums in Villingen und ist im ehemaligen Waisenhaus zu besichtigen, einem Nebengebäude des einstigen Franziskanerklosters. Um die fürstliche Grabkammer angemessen zu präsentieren, wurde hier ein eigener Raum gestaltet.

Die Ausstellung verrät einiges über das Leben und Alltagsgewohnheiten der Kelten. So wurde beispielsweise anhand von Fundstücken rekonstruiert, dass Rasur und Nagelpflege üblich waren. Als Waffen waren Dolche und Lanzen im Einsatz. Schmuckstücke, darunter ein Gürtelhaken aus dem iberischen Raum, deuten auf Handel oder Migration hin. Dank wissenschaftlicher Untersuchungen der wenigen Knochenfunde aus dem Zentralgrab ist auch der Keltenfürst kein unbeschriebenes Blatt mehr. So weiß man beispielsweise, dass er mit 1,75 Metern für damalige Verhältnisse ziemlich groß war, eine eher mollige Figur hatte, im Alter von 30 bis 40 Jahren verstarb und als Proviant für die Reise ins Jenseits unter anderem ein Schwein dabeihatte.

Adresse Rietgasse 2, 78050 Villingen-Schwenningen | **Anfahrt** A 81, Ausfahrt Villingen, Richtung Stadtmitte, Parkhaus beim Theater am Ring Romäusring 1, zu Fuß über die Rietstraße in die Rietgasse | **Öffnungszeiten** Di–Sa 13–17 Uhr, So, Feiertage 11–17 Uhr, Führungen unter www.franziskanermuseum.de | **Tipp** Viel Mittelalter bietet der Kern der historischen Altstadt von Villingen. Die innere Stadtmauer mit ihren Befestigungstürmen ist weitgehend erhalten. Imposant sind die drei Tortürme, darunter das westliche Stadttor, das 1233 erbaute Riettor, dessen unteres Stockwerk einst als Gefängnis diente (Stadtführungen unter www.wt-vs.de).

108__Das Münster

Das Kreuz des Bauern Nägelin

Um fünf nach zehn setzen sich im Südturm des Villinger Münsters dreieinhalb Tonnen in Bewegung, und eines der größten Glockenspiele im süddeutschen Raum zeigt, was es kann. Viermal täglich sind die 51 Glocken zu hören. Das Geläut ist eine der vielen Besonderheiten dieses ungewöhnlichen Kirchengebäudes.

Erste urkundliche Aufzeichnungen über Villingen stammen aus dem Jahr 817, die Stadtgründung durch die Zähringer wird auf das Jahr 1119 datiert. Heute bildet die Doppelstadt Villingen-Schwenningen ein Mittelzentrum zwischen Schwarzwald und Baar. Das Münster Unserer Lieben Frau mit seinen zwei ungleichen Türmen ist eines der markantesten Gebäude in Villingen. Es wurde zwischen dem 12. und 13. Jahrhundert erbaut, danach mehrmals erweitert. Im Inneren überrascht es mit einem Stilmix, der Spuren der verschiedensten Epochen spiegelt. Den Besucher erwartet eine Zeitreise von der Romanik über Neobarock bis zur Moderne. So manches kunstgeschichtliche Proseminar könnte in Zeiten knapper Mittel eine Studienfahrt komplett ins Villinger Münster verlegen, um an einem einzigen Ort ein Maximum an Stilrichtungen zu begutachten.

Zu den herausragenden Schätzen gehört die aus spätgotischer Zeit stammende Steinkanzel. Sie zeigt eindrucksvoll den Leidensweg Christi. Eine weitere Besonderheit des Münsters befindet sich etwas versteckt in der nördlichen Turmkapelle, die durch einen kleinen Durchgang im linken Seitenaltar zu erreichen ist. Es handelt sich um das Nägelinkreuz, dem seit dem 14. Jahrhundert Wunderkräfte nachgesagt werden. Benannt ist das Kreuz nach seinem Finder, einen Bauern namens Nägelin. Dieser brachte es, von schwerer Krankheit genesen, nach Villingen, damit die Stadt von Übeln verschont bleibe. Tatsächlich wurde Villingen trotz häufiger Belagerung nie erobert, was aber auch an der strategisch etwas nachrangigen Bedeutung gelegen haben könnte.

Adresse Münsterplatz 1, Villingen-Schwenningen | Anfahrt A 81, Ausfahrt Villingen, Richtung Stadtmitte, Parkhaus beim Theater am Ring Romäusring 1, zu Fuß über die Rietstraße zum Münsterplatz | Öffnungszeiten Mo–Sa 8–18 Uhr, So 9–18 Uhr, tägliches Glockenspiel 10.05 Uhr, 12.05 Uhr, 15.05 Uhr und 18.05 Uhr | Tipp Das bronzene Hauptportal des Villinger Münsters wurde von dem zeitgenössischen Künstler Klaus Ringwald gestaltet, ebenso der Brunnen auf dem Platz davor.

109 Die Linachtalsperre

Ein Koloss wird wiederbelebt

Wer das Linachtal hinaufwandert, steht plötzlich vor einer 25 Meter hohen und 143 Meter langen Wand. Das bizarre Gebilde aus massivem Beton bildet die Linachtalsperre und ist eine deutschlandweit einmalige Konstruktion. Wie ein Riegel verschließen 13 mächtige Halbzylinder das Tal, jeder über zehn Meter breit. Sie verhindern, dass sich mehr als eine Million Kubikmeter Wasser in die Landschaft ergießen, wofür man als kleiner Wanderer am Fuß der Staumauer einigermaßen dankbar ist. Über eine Treppe gelangt man auf die begehbare Krone der Talsperre und hat freien Blick auf den rund einen Kilometer langen Stausee.

Die Linachtalsperre ist die einzige Gewölbereihenstaumauer in Deutschland, sie steht unter Denkmalschutz und hat eine bewegte Geschichte. Baubeginn war 1922. Die besondere Konstruktion war der knappen Kasse der Bauherrin, der Stadt Vöhrenbach, geschuldet. Mit den Zylindern wollte man Material sparen und so die Kosten senken. Doch dann kam 1923 die Wirtschaftskrise und mit ihr die Inflation. Um das Projekt dennoch zu verwirklichen, fällte Vöhrenbach große Mengen Holz und druckte sogar Geld. Die Rückseite der Zehn-Milliarden-Mark-Scheine zierte die Linachtalsperre. So gelang es zumindest, 1923 das im schönsten Jugendstil errichtete Kraftwerksgebäude einzuweihen. Zwei Jahre später war die Staumauer fertig, 110.000 Quadratmeter Land wurden geflutet, und das Kraftwerk nahm seinen Beitrieb auf. Bis 1970 wurde Strom erzeugt, dann machte die Anlage mangels Wirtschaftlichkeit dicht, und der Stausee wurde abgelassen. Für 20 Jahre stand die Staumauer nun als grotesker Koloss in der Landschaft. Bis sich Ende der 1990er Jahre ein Verein zur Rettung der Linachtalsperre gründete. Über sieben Millionen Euro konnten für die Sanierung zusammengekratzt werden. 2008 war es so weit. Das Kraftwerk ging wieder ans Netz, und die renovierte Staumauer ist eine Attraktion für die Region.

Adresse Linachstraße, 78147 Vöhrenbach | **Anfahrt** B 31 bis Neustadt, Richtung Vöhrenbach/Eisenbach, nach Hammereisenbach links auf die 172, nach circa 3 Kilometern links in die Linachstraße | **Öffnungszeiten** Führungen zur Linachtalsperre und durch das Kraftwerksgebäude unter www.voehrenbach.de/linachtalsperre | **Tipp** Viele Wintersportler, die ab 1900 nach Schollach kamen, litten unter Asthma. Deshalb erfand der Wirt des Schneckenhofs ein Transportmittel, das seine Gäste auf den Berg beförderte. Der erste Skilift war geboren. Die Talstation steht noch heute am historischen Skihang, und der Schneckenhof ist nach wie vor eine urig-typische Pension (Oberschollach 4, 79871 Eisenbach).

110 Das Orgelmuseum

Alle Welt tanzt nach Pfeifen aus Waldkirch

Wenn irgendwo auf der Welt eine alte Drehorgel erklingt, stehen die Chancen gut, dass sie »made in Waldkirch« ist. Das Schwarzwaldstädtchen war einst *der* Drehorgelexporteur schlechthin. Manch Orgelbaufirma gründete hier eine Niederlassung, nur um den Namen Waldkirch im Firmenlogo zu haben. Es war die Zeit, als das Zusammenspiel von Mechanik, beweglichen Figuren und Musik die Menschen faszinierte. Kein Jahrmarkt ohne Drehorgelsound. Besonders schöne Exemplare aus 200 Jahren Waldkircher Orgelbaugeschichte sind im Elztalmuseum zu sehen und zu hören.

Schaustellerorgeln, Konzertorgeln, Karussellorgeln, Walzendrehorgeln, ein Rückenklavier, ein Orchestrion und sogar eine automatische Kapelle bilden einen faszinierenden, farbenprächtigen, bisweilen skurrilen, aber stets klanggewaltigen Reigen. Begründet wurde die Orgelbautradition im Schwarzwald 1799 von Matthias Martin, der sich auf klassische Kirchenorgeln spezialisiert hatte. Einer seiner Mitarbeiter war Ignatz Bruder, ein leidenschaftlicher und begabter Schwarzwälder Tüftler. Von den neuartigen mechanischen Musikwerken war er so begeistert, dass er sich ganz auf den Bau von Spieluhren konzentrierte und seine eigene Firma gründete. Aus dem Waldkircher Familienbetrieb »Bruder Söhne« entwickelte sich in den vierziger Jahren des 19. Jahrhunderts das erste größere Zentrum für die Herstellung von Spieluhren und Drehorgeln. Das Geschäft boomte, denn die Schausteller verlangten nach immer neuen Attraktionen.

Die Modelle aus Waldkirch begeisterten das Publikum. Von Amsterdam bis Paris und New York tanzte man nach den Pfeifen aus Waldkirch. Die Musikautomaten musizierten in Salons gut situierter Bürger ebenso wie auf Messen und in Gasthäusern. Noch heute sind die diversen Orchestrien in der Lage, einen Soundcheck zu bestehen. Jedenfalls verlässt man das Elztalmuseum beschwingt und mit klingenden Ohren.

Adresse Kirchplatz 14, 79183 Waldkirch | Anfahrt A 5, Ausfahrt Freiburg-Nord, über die B 294 nach Waldkirch, über die Freiburger Straße, die Freie Straße, Kirchstraße zum Kirchplatz | Öffnungszeiten Di–Sa, Feiertage 13–17 Uhr, So 11–17 Uhr, öffentliche Führungen: Mi 15 Uhr, So 14.30 Uhr, www.elztalmuseum.de | Tipp Noch mehr zum Orgelbau und weitere Zeugnisse der Orgelbaukunst kann man bei der Waldkircher Orgelstiftung am Gewerbekanal 1 entdecken. Führungen unter www.waldkircher-orgelstiftung.de.

111 Das Textilmuseum

Wie die Farbe ins Schlafzimmer kam

Es rattert, Spulen drehen sich wie wild, und die Bündel straff gespannter Fäden verschwinden in einem Labyrinth aus Technik. Als Stoffbahn mit filigranem Muster kommt alles wieder zum Vorschein. Der Laie staunt. Das Textilmuseum in Zell im Wiesental entführt in die Welt der Weber. Mechanische Webmaschinen werden vorgeführt, Spinn- und Spulmaschinen, Saitenflechtmaschinen für Schnüre sowie Prüf- und Messgeräte. Man erfährt, was eine Jacquard-Webmaschine ist und wie Webmuster entstehen, und zum Schluss weiß man sogar, wie einst die Farbe ins Schlafzimmer kam. Eine Fabrikantengattin hatte nämlich in der 1950er Jahren die Idee, statt weißer Bettwäsche auch bunte zu produzieren. Die Nachfrage war gigantisch.

Bis 1991 galt Zell als Zentrum der Textilindustrie. Vor diesem rund 100 Jahre dauernden goldenen Zeitalter waren die Menschen im Wiesental bitterarm. Heimarbeit gehörte zum Überleben. In den Bauernstuben wurde gesponnen und gewoben, nicht nur derbe Woll- und Leinenstoffe für den Eigenbedarf, sondern auch feine Seidenbänder für Unternehmer aus Basel. Als das weiße Gold, die Baumwolle, im 19. Jahrhundert nach Deutschland kam, gab es im Wiesental plötzlich Arbeit. Spinnereien, Webereien, Stoffbleichen siedelten sich an. Das Wasser für die Stoffbleiche lieferte das Flüsschen Wiese gratis, und die Arbeitskräfte waren billig: So begann in der Region eine industrielle Revolution.

Auch die Schattenseiten des Aufschwungs werden im Museum gezeigt. Die Anfänge der Textilindustrie im Wiesental erinnern an Fabriken in Fernost. Männer wie Frauen schufteten bei Lärm, Hitze, Staub. Kinder mussten unter den Maschinen sitzen und gerissene Fäden zusammenknüpfen. 15 Stunden am Tag, von Montag bis Samstag. Verboten wurde die Kinderarbeit erst vom preußischen Militär, das feststellte, dass die jungen Männer aus dem Wiesental wegen der Schufterei in der Kindheit untauglich für den Wehrdienst geworden waren.

Adresse Teichstraße 4, 79669 Zell im Wiesental | **Anfahrt** B 317 nach Zell im Wiesental, in die Schopfheimer Straße abbiegen, dann in die Teichstraße | **Öffnungszeiten** 1. März–30. Nov. Sa, So 10–12 Uhr, Di 14–17 Uhr; 1. Dez.–28. Feb. geschlossen, Führungen unter www.wiesentaeler-textilmuseum.de | **Tipp** Constanze Mozart, geborene Weber, erblickte 1762 in Zell im Wiesental das Licht der Welt. Nach ihr ist ein Boulevard in der Innenstadt benannt: Auf zwölf in das Trottoir eingelegten Steinplatten liest man die wichtigsten Lebensdaten von Constanze.

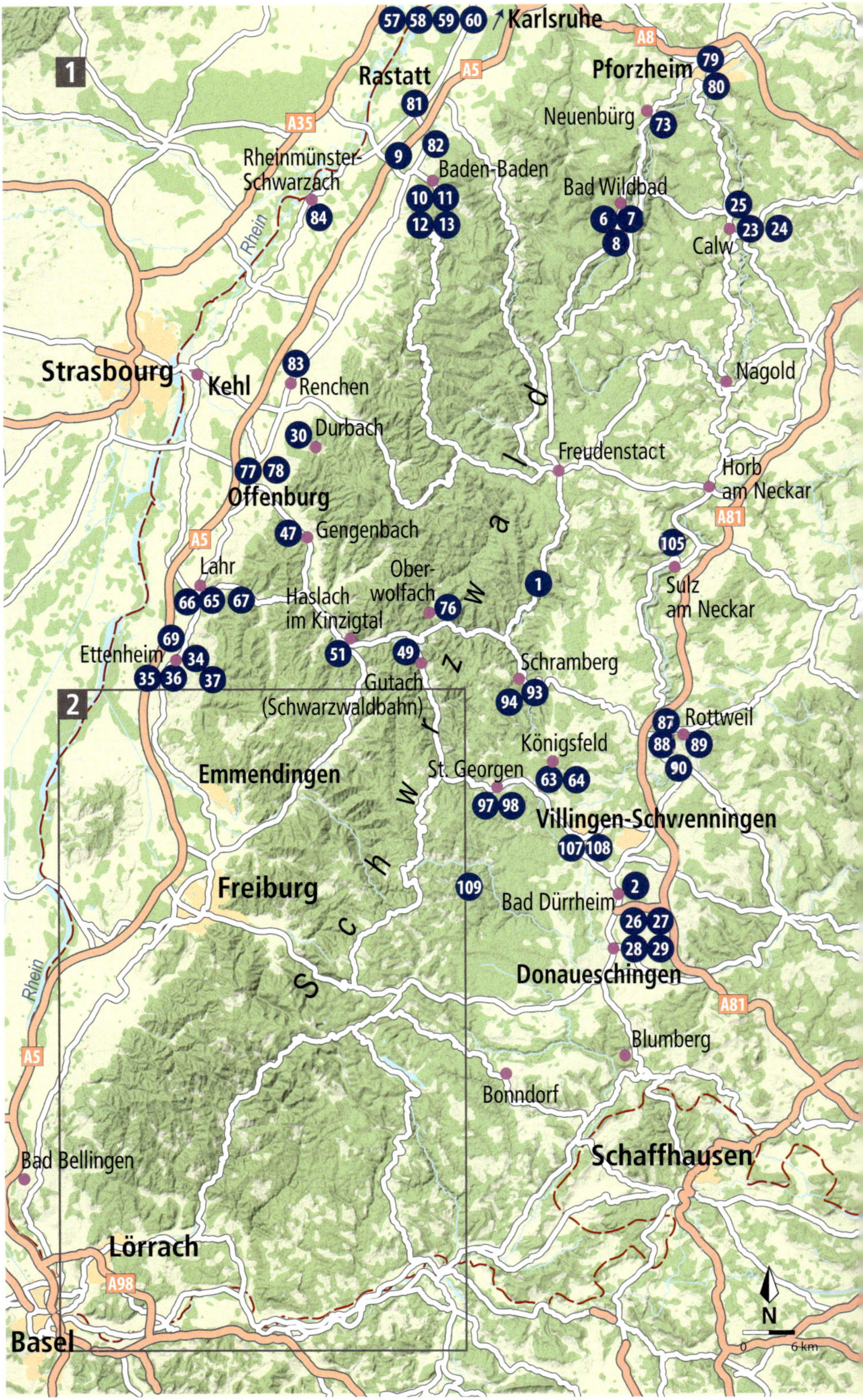
1
2
Karlsruhe
Rastatt
Pforzheim
Neuenbürg
Rheinmünster-Schwarzach
Baden-Baden
Bad Wildbad
Calw
Rhein
Strasbourg
Kehl
Renchen
Durbach
Nagold
Freudenstact
Horb am Neckar
Offenburg
Gengenbach
Lahr
Haslach im Kinzigtal
Ober-wolfach
Sulz am Neckar
Ettenheim
Schramberg
Gutach (Schwarzwaldbahn)
Rottweil
Königsfeld
Emmendingen
St. Georgen
Villingen-Schwenningen
Freiburg
Bad Dürrheim
Donaueschingen
Schwarzwald
Blumberg
Bonndorf
Schaffhausen
Bad Bellingen
Lörrach
Basel
A8
A5
A35
A81
A98
N
0
6 km
57 58 59 60
79 80 81 82 9 73
10 11 12 13 84
6 7 8 25 23 24
83 30 77 78 47
105 1 76 66 65 67
69 34 35 36 37 51 49
94 93 87 88 89 90
63 64 97 98 107 108
2 109 26 27 28 29

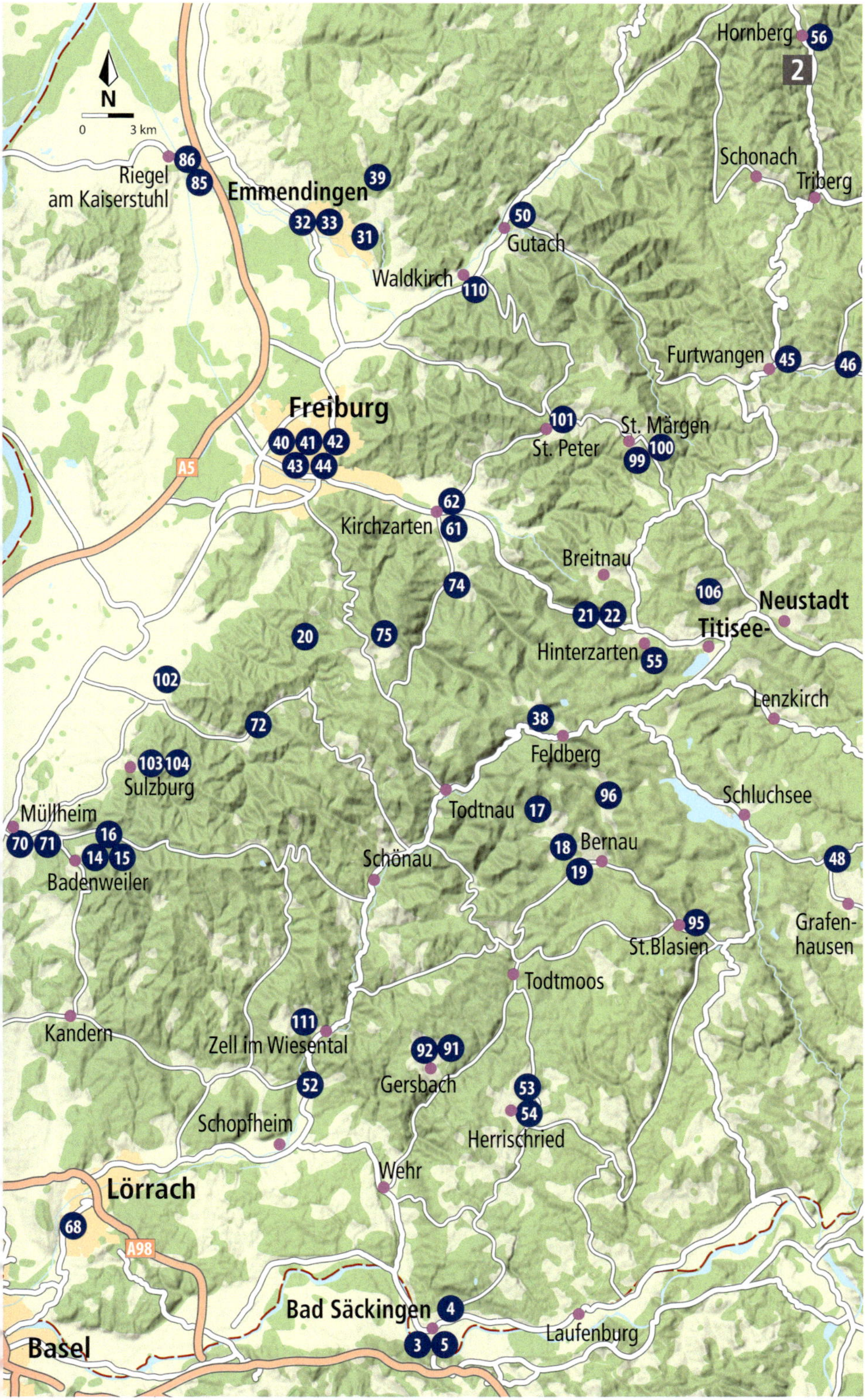

N
0
3 km
2
Hornberg
56
Schonach
Triberg
Riegel
am Kaiserstuhl
86
85
Emmendingen
39
32
33
31
50
Gutach
Waldkirch
110
Furtwangen
45
46
Freiburg
40
41
42
43
44
A5
101
St. Peter
St. Märgen
100
99
62
Kirchzarten
61
Breitnau
74
106
Neustadt
Titisee-
21
22
Hinterzarten
55
20
75
102
72
38
Feldberg
Lenzkirch
103
104
Sulzburg
Todtnau
17
96
Schluchsee
Müllheim
70
71
16
14
15
Badenweiler
Schönau
18
Bernau
19
48
95
St.Blasien
Grafen-
hausen
Todtmoos
Kandern
111
Zell im Wiesental
92
91
Gersbach
52
53
54
Herrischried
Schopfheim
Wehr
Lörrach
68
A98
Bad Säckingen
4
3
5
Laufenburg
Basel

Marion Rapp
111 Schätze der Natur rund um den Bodensee, die man gesehen haben muss
ISBN 978-3-95451-619-3

Karin Blessing
111 Schätze der Natur im Schwarzwald, die man gesehen haben muss
ISBN 978-3-95451-701-5

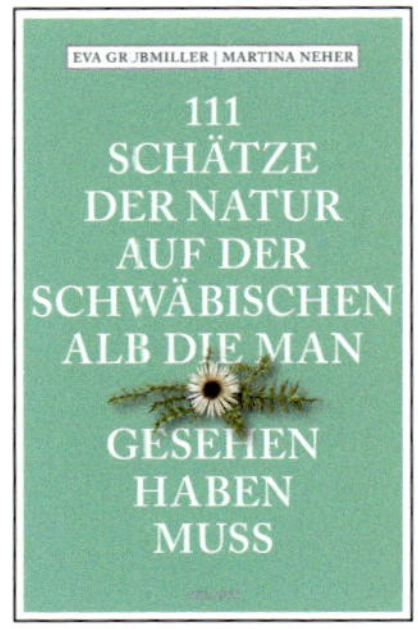

Eva Grubmiller, Martina Neher
111 Schätze der Natur auf der Schwäbischen Alb, die man gesehen haben muss
ISBN 978-3-7408-0248-6

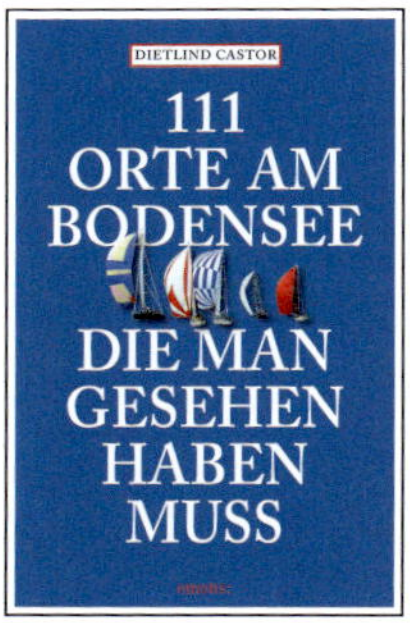

Dietlind Castor
111 Orte am Bodensee, die man gesehen haben muss
ISBN 978-3-95451-063-4

Ute Blessing
111 Orte im Remstal, die man gesehen haben muss
ISBN 978-3-7408-0475-6

Cornelia Lohs
111 Orte in Mannheim, die man gesehen haben muss
ISBN 978-3-7408-0554-8

Erwin Ulmer
111 Orte am oberen und mittleren Neckar, die man gesehen haben muss
ISBN 978-3-7408-0364-3

HP Mayer
111 Orte in Heidelberg, die man gesehen haben muss
ISBN 978-3-7408-0246-2

Cornelia Ziegler, Alfred Hössl
111 Orte in und um Baden-Baden, die man gesehen haben muss
ISBN 978-3-7408-0134-2

Katharina Sommer
111 Orte in und um Tübingen, die man gesehen haben muss
ISBN 978-3-95451-852-4

Erwin Ulmer
111 Orte in Ulm, um Ulm und um Ulm herum, die man gesehen haben muss
ISBN 978-3-95451-856-2

Gabriele Kalmbach
111 Orte im Stuttgarter Umland, die man gesehen haben muss
ISBN 978-3-95451-855-5

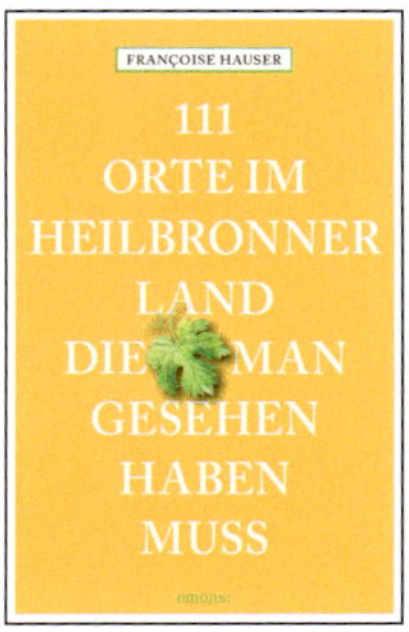

Françoise Hauser
111 Orte im Heilbronner Land, die man gesehen haben muss
ISBN 978-3-95451-842-5

Barbara Krull
111 Orte am Kaiserstuhl, die man gesehen haben muss
ISBN 978-3-95451-562-2

Kirsten Elsner-Schichor, Rainer Bodemer
111 Orte in Karlsruhe, die man gesehen haben muss
ISBN 978-3-95451-593-6

Erwin Ulmer
111 Orte an der oberen Donau, die man gesehen haben muss
ISBN 978-3-95451-494-6

Barbara Riess
111 Orte in Freiburg, die man gesehen haben muss
ISBN 978-3-95451-385-7

Gertrud Steiger, Joachim Steiger
111 Orte im Kraichgau, die man gesehen haben muss
ISBN 978-3-95451-232-4

Thomas Baumann
111 Orte in der Kurpfalz, die man gesehen haben muss
ISBN 978-3-89705-891-0

Ralf H. Dorweiler,
Daniela Bianca Gierok
111 Orte im Schwarzwald, die man gesehen haben muss
ISBN 978-3-89705-950-4

Gabriele Kalmbach
111 Orte in Stuttgart, die man gesehen haben muss
ISBN 978-3-95451-004-7

Barbara Goerlich
111 Orte auf der Schwäbischen Alb, die man gesehen haben muss
ISBN 978-3-89705-948-1

Gertrud Steiger, Joachim Steiger
111 Orte im Odenwald, Spessart und an der Bergstraße, die man gesehen haben muss
ISBN 978-3-89705-945-0

Ottmar Neuburger,
Lisa Graf-Riemann
111 Orte im Berchtesgadener Land, die man gesehen haben muss
ISBN 978-3-89705-961-0

Julia Lorenzer, Fabian Marcher
111 Orte in Rosenheim und im Inntal, die man gesehen haben muss
ISBN 978-3-95451-735-0

Dorothea Steinbacher
111 Orte im Chiemgau, die man gesehen haben muss
ISBN 978-3-95451-338-3

Cornelia Ziegler
111 Orte rund um München, die man gesehen haben muss
ISBN 978-3-7408-0437-4

Christine Hochreiter, Frank Klein
111 Orte in und um Passau, die man gesehen haben muss
ISBN 978-3-7408-0429-9

Bernd Schinner,
René Rabenbauer
111 Orte im Fichtelgebirge, die man gesehen haben muss
ISBN 978-3-7408-0405-3

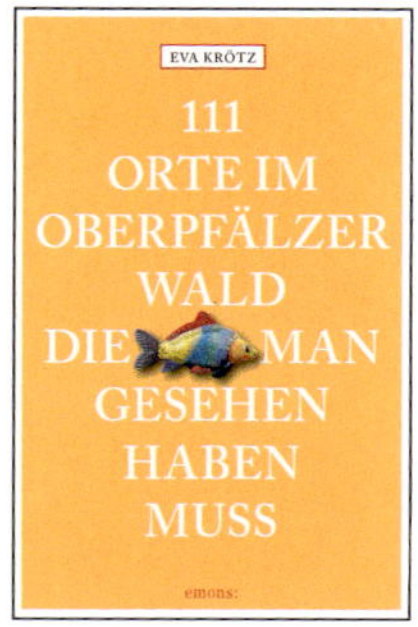

Eva Krötz
111 Orte im Oberpfälzer Wald, die man gesehen haben muss
ISBN 978-3-7408-0331-5

Astrid Süßmuth
111 Spukorte in und um München, die man gesehen haben muss
ISBN 978-3-7408-0336-0

Dorothea Steinbacher
111 Orte im Chiemgau und im Rupertiwinkel, die man gesehen haben muss
ISBN 978-3-7408-0131-1

Astrid Süßmuth
111 Orte im Werdenfelser Land, die man gesehen haben muss
ISBN 978-3-7408-0118-2

Oliver Ultsch, Pia Ultsch
111 Orte in und um Coburg, die man gesehen haben muss
ISBN 978-3-95451-923-1

Jochen Reiss
111 Orte im Fünfseenland, die man gesehen haben muss
ISBN 978-3-95451-851-7

Sabine Becht, Sven Talaron
111 in und um Bamberg, die man gesehen haben muss
ISBN 978-3-95451-706-0

Gregor Nagler
111 Orte in Augsburg, die man gesehen haben muss
ISBN 978-3-95451-598-1

Richard Auer, Gerhard von Kapff
111 Orte im Altmühltal und in Ingolstadt, die man gesehen haben muss
ISBN 978-3-95451-616-2

Kerstin Söder
111 Orte im Fränkischen Seenland, die man gesehen haben muss
ISBN 978-3-95451-492-2

Jo Seuß
111 Orte in Fürth und Erlangen, die man gesehen haben muss
ISBN 978-3-95451-416-8

Bernd Flessner
111 Orte in der Oberpfalz, die man gesehen haben muss
ISBN 978-3-95451-369-7

Cornelia Ziegler
111 Orte im Allgäu, die man gesehen haben muss
ISBN 978-3-95451-343-7

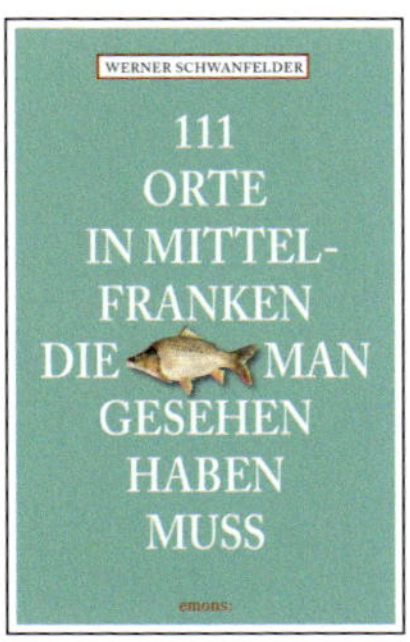

Werner Schwanfelder
111 Orte in Mittelfranken, die man gesehen haben muss
ISBN 978-3-95451-336-9

Dietlind Castor
111 Orte am Bodensee, die man gesehen haben muss
ISBN 978-3-95451-063-4

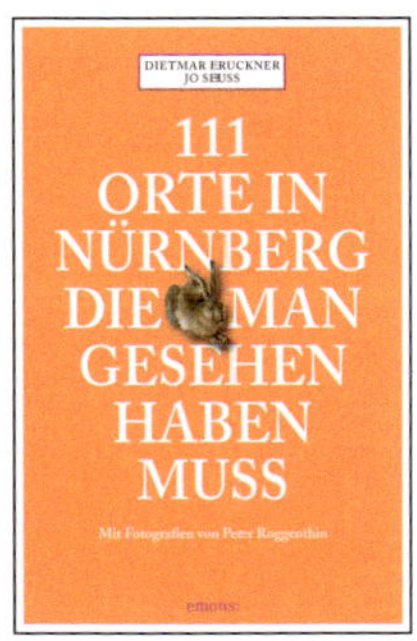

Dietmar Bruckner, Jo Seuß
111 Orte in Nürnberg, die man gesehen haben muss
ISBN 978-3-95451-042-9

Rüdiger Liedtke
111 Orte in München, die man gesehen haben muss
ISBN 978-3-89705-892-7

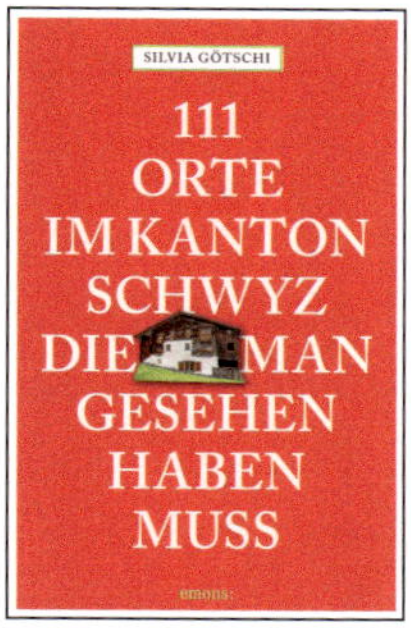

Silvia Götschi
111 Orte im Kanton Schwyz, die man gesehen haben muss
ISBN 978-3-7408-0116-8

Nina Kobelt, Silvia Schaub
111 Orte rund um den Säntis, die man gesehen haben muss
ISBN 978-3-7408-0550-0

Sonja Muhlert, Adrian Künzi
111 Orte in und um Biel/Bienne, die man gesehen haben muss
ISBN 978-3-7408-0340-7

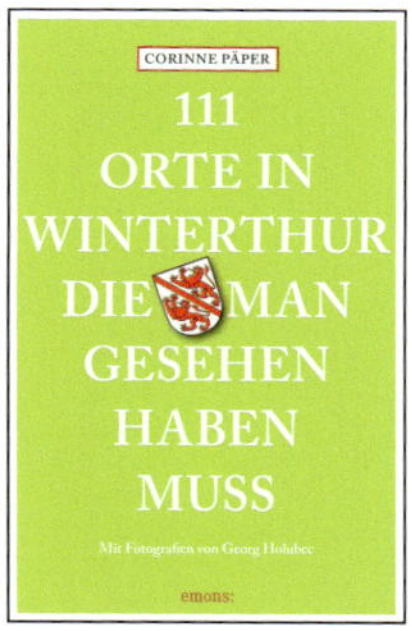

Corinne Päper, Georg Holubec
111 Orte in Winterthur, die man gesehen haben muss
ISBN 978-3-7408-0237-0

Monika Mansour
111 mystische Orte in der Schweiz, die man gesehen haben muss
ISBN 978-3-7408-0139-7

Lust auf mehr? Laden Sie sich die »LChoice«-App runter, scannen Sie den QR-Code und bestellen Sie weitere Bücher direkt in Ihrer Buchhandlung.

LChoice

Hier bestellen

Die Autorin

Barbara Riess studierte Romanistik und Germanistik in Freiburg und Marseille. Sie engagierte sich in der Erwachsenenbildung, war als Journalistin für verschiedene Medien tätig und anschließend viele Jahre als Pressereferentin und Redakteurin für zwei Zeitschriften. Heute organisiert sie Events und arbeitet als Autorin, selbstständige Journalistin und Fachfrau für Presse- und Öffentlichkeitsarbeit. Sie lebt im Dreisamtal, direkt vor den Toren von Freiburg, und ist mit Begeisterung auf Entdeckungstour im Schwarzwald unterwegs.